PSICOLOGIA NERA

UNA GUIDA AVANZATA E PRATICA SULLE STRATEGIE SCONOSCIUTE DELLA MANIPOLAZIONE MENTALE

Scopri come Decriptare i Segreti dell'Interazione Umana e Prenderne il Controllo Totale

Maurizio Giordano

INDICE DEI CONTENUTI

I BONUS

PREFAZIONE

Questo libro nasce con l'idea di voler diffondere l'importanza di comprendere le dinamiche sottili dell'interazione umana e svelare i segreti che si nascondono dietro la manipolazione mentale.

I miei obiettivi sono di fornire una panoramica chiara delle conoscenze che acquisirai durante la lettura, donandoti una guida avanzata e pratica, atta ad incoraggiare una comprensione approfondita delle tecniche utilizzate, in modo da renderti consapevole e protetto dagli influssi manipolatori.

Questo testo si fonda su una solida base di conoscenze psicologiche, offrendoti un'opportunità di esplorare i meccanismi sottili che si nascondono dietro le interazioni umane.

L'idea di scrivere questo libro mi è venuta proprio perché io stesso ho vissuto l'esperienza di essere stato vittima di manipolazione. Comprendo quindi le implicazioni personali e sociali che la manipolazione mentale comporta, tanto che ho avuto il sincero desiderio di condividere le mie conoscenze e proteggerti, insegnandoti quanto possibile a relazionarti in modo più consapevole con il mondo al di fuori di te.

Nel contesto dell'esplorazione della manipolazione mentale è fondamentale dedicare uno spazio significativo all'avvertenza sull'etica e la responsabilità nell'uso di tali tecniche, poiché è molto importante sottolineare che esso dovrebbe essere sempre guidato da principi etici. La manipolazione mentale, se utilizzata in modo malintenzionato o dannoso, può causare gravi conseguenze sia per l'individuo che per la società nel suo complesso; sento dunque il dovere di mettere in guardia dall'abuso di queste strategie, sottolineando che l'obiettivo principale dovrebbe essere quello di comprendere e proteggersi dalle tattiche manipolatorie, piuttosto che impiegarle per scopi negativi e/o ottenere vantaggi personali.

Ritengo inoltre che l'abuso delle tecniche di manipolazione mentale possa minare la fiducia nelle relazioni interpersonali, destabilizzare la coesione sociale e generare conseguenze anche drammatiche a lungo termine.

Ti esorto a considerare sempre le implicazioni etiche delle tue azioni, a prendere in considerazione il benessere degli altri e a utilizzare le conoscenze acquisite per migliorare i tuoi scambi umani in modo etico e costruttivo. Ti invito ad esaminare attentamente le tue intenzioni e motivazioni prima di utilizzare questi sistemi, di valutare se sei guidato da un desiderio di controllo, egoismo e manipolazione ingiusta o se invece vuoi cercare di influenzare positivamente le tue relazioni e di crearne di nuove basate sulla fiducia e il rispetto reciproco.

CAPITOLO 1: INTRODUZIONE ALLA PSICOLOGIA NERA

La "psicologia nera" è un termine che suscita curiosità e può essere frainteso; pertanto, è essenziale fornire una definizione chiara di cosa si intende per psicologia nera e come si differenzia dalla psicologia tradizionale.

La psicologia nera è un campo di studio che si concentra sulle strategie e le tecniche utilizzate per manipolare, influenzare e controllare gli altri. È un'area di ricerca che si basa sulle conoscenze della psicologia tradizionale, ma si distingue per il suo approccio alla comprensione delle dinamiche manipolatorie. Mentre la psicologia tradizionale si concentra sulla comprensione del comportamento umano in generale e sulla promozione del benessere individuale, la psicologia nera si focalizza sull'uso di tali conoscenze per ottenere un vantaggio manipolativo.

La differenza fondamentale tra la psicologia nera e la psicologia tradizionale risiede nell'intento e nell'applicazione delle conoscenze acquisite. Mentre la psicologia tradizionale mira a comprendere, prevenire e curare i disturbi mentali, migliorare il benessere e promuovere relazioni sane, la psicologia nera utilizza le conoscenze psicologiche per influenzare le persone, spesso ha scopi personali o egoistici.

Un'altra distinzione chiave è che la psicologia nera si concentra sulla manipolazione e sfrutta le vulnerabilità e i punti deboli delle persone per ottenere il controllo. Ciò implica l'utilizzo di strategie come la persuasione sottile, la manipolazione verbale e non verbale, il condizionamento e l'uso di tecniche di negoziazione psicologica. Essa si basa sull'abilità di influenzare le emozioni, i desideri e i comportamenti delle persone in modo subdolo, spesso senza che ne siano consapevoli.

L'utilizzo delle tecniche nella psicologia nera può avere conseguenze negative sul benessere e sulla libertà delle persone coinvolte, è quindi importante comprendere che la psicologia nera non è un approccio etico o consigliabile nelle relazioni umane, ma piuttosto un'area di studio che richiede consapevolezza e conoscenza per difendersi dalle macchinazioni altrui.

Prestare attenzione a qualsiasi cambiamento nel proprio stato emotivo o nell'autostima può essere un segnale di allarme. Inoltre, essere critici nelle valutazioni delle informazioni e ricercare fonti affidabili contribuisce a contrastare il controllo delle stesse. Mantenere una rete di supporto sociale sana e comunicare apertamente con gli altri può aiutare a identificare eventuali tentativi di isolamento sociale.

Imparare a dire "no" in modo assertivo e a stabilire confini personali può essere fondamentale per proteggersi dalla manipolazione mentale.

La manipolazione mentale può anche portare a relazioni squilibrate e tossiche, basate sulla dominazione e sul controllo. Questo danneggia la fiducia, l'autostima e l'indipendenza degli individui coinvolti, oltre a portare a conseguenze negative a lungo termine, come depressione, ansia e isolamento sociale in chi la subisce.

La responsabilità di tale impiego ricade sul manipolatore stesso. È importante riflettere sulla moralità delle proprie azioni e sulle possibili conseguenze che possono derivarne. L'autoconsapevolezza e la capacità di mettersi nei panni degli altri sviluppano un senso di empatia che porta ad evitare la nascita delle implicazioni non etiche delle proprie azioni.

È poi da considerare l'effetto a cascata che la manipolazione può avere sulla società nel suo complesso. Una cultura basata sulla manipolazione e sulla mancanza di integrità mina la fiducia reciproca e la costruzione di relazioni sane, mentre la promozione di una cultura basata sull'onestà, sulla trasparenza e sul rispetto reciproco è fondamentale per preservare il benessere individuale e collettivo.

Quando si tratta di proteggersi dai manipolatori e liberarsi da relazioni tossiche ci sono diverse strategie che possono aiutare a preservare la propria integrità e il proprio benessere. Ecco alcuni consigli utili:

Sviluppare consapevolezza: il primo passo per proteggersi dai manipolatori è sviluppare una consapevolezza dei propri confini, dei propri valori e dei propri bisogni. Conoscere sé stessi in modo approfondito permette di riconoscere quando qualcuno sta cercando di influenzare o manipolare la propria mente. Fare attenzione ai propri sentimenti e alle proprie reazioni, non sottovalutando il proprio istinto.

Imparare a riconoscere i segnali di manipolazione: familiarizzare con le tecniche manipolative comuni come il gaslighting, la colpa, la coercizione emotiva e la manipolazione psicologica. Una volta che si è consapevoli di queste dinamiche si sarà in grado di riconoscerle più facilmente quando si presentano nelle proprie relazioni e di prestare attenzione a cambiamenti improvvisi nel comportamento degli altri e a atteggiamenti manipolativi che minano la propria autostima o indipendenza.

Stabilire confini sani: imparare ad affermare i confini personali e ad esprimere i bisogni in modo chiaro e assertivo. I manipolatori tendono a cercare persone che hanno difficoltà a difendere i propri confini, quindi lavorare sulla propria capacità di dire "no" quando necessario. Essere consapevoli che stabilire confini sani può causare resistenza da parte dei manipolatori, ma è fondamentale per proteggere il proprio benessere.

Cercare supporto: quando ci si trova in una relazione tossica o si è vittima di manipolazione è il caso di cercare il supporto di amici fidati, familiari o professionisti. Condividere la propria esperienza con persone di fiducia può offrire un punto di vista esterno e un sostegno emotivo. Un terapeuta inoltre può aiutare a comprendere le dinamiche manipolative e a sviluppare strategie per liberarsi da tali relazioni.

Praticare l'autocura: prendersi cura di sé stessi fisicamente, emotivamente e mentalmente. Coltivare hobby, interessi e relazioni positive. Mantenere uno stile di vita equilibrato che includa una sana alimentazione, attività fisica regolare e tempo per il riposo e il recupero. L'autocura aiuta a mantenere una solida base emotiva e a costruire la resilienza necessaria per affrontare le manipolazioni.

Fare una scelta consapevole: riconoscere di avere il potere di scegliere le relazioni che si desidera mantenere nella propria vita. Se una relazione è tossica e dannosa, prendere la decisione di allontanarsi. Ciò può richiedere coraggio e determinazione, ma il proprio benessere è la priorità e permette di avere fiducia nelle proprie capacità di costruire relazioni sane e gratificanti.

Imparare dall'esperienza: le relazioni tossiche possono essere dolorose, ma possono anche offrire preziose lezioni di vita. Quindi è consigliabile riflettere sulle proprie esperienze passate e cercare di comprendere i modelli ricorrenti che potrebbero rendere vulnerabili alla manipolazione; utilizzare queste esperienze come opportunità per crescere e sviluppare una maggiore forza interiore.

Lavorare sull'autostima: spesso i manipolatori cercano di sfruttare le persone con una bassa autostima, ma non se si procede a lavorare su sé stessi per sviluppare un sano senso di autostima e fiducia in sé e riconoscere il proprio valore e imparare a credere nelle proprie capacità. Un'autostima solida renderà meno suscettibili alla manipolazione e aiuterà a costruire relazioni più sane e appaganti.

Ricorda che proteggerti dai manipolatori richiede tempo,

impegno e autoricarica. Sii paziente con te stesso e cerca di applicare queste strategie gradualmente. La tua felicità e il tuo benessere sono preziosi, quindi impara a difendere la tua integrità e a costruire relazioni basate sul rispetto reciproco.

CAPITOLO 2: FONDAMENTI DELLA MANIPOLAZIONE MENTALE

Per comprendere appieno la manipolazione mentale è importante esaminare i principi base su cui si basa questa pratica. Ecco alcuni dei principi base della manipolazione mentale:

Conoscenza delle vulnerabilità: i manipolatori sono abili nel riconoscere le vulnerabilità degli altri. Individuano le paure, le insicurezze o i desideri nascosti di una persona e li utilizzano a proprio vantaggio.

Creazione di dipendenza emotiva: i manipolatori spesso riescono a creare dipendenza emotiva nelle loro vittime. Questo può essere fatto attraverso l'uso di tecniche come il love-bombing, in cui sovraccaricano la persona di attenzione e affetto per creare un attaccamento emotivo intenso. Una volta che la vittima si sente dipendente dal manipolatore per il proprio benessere emotivo diventa più vulnerabile alle sue influenze.

Gestione delle informazioni: i manipolatori sono abili nel controllare ciò che viene detto, cosa viene nascosto e come vengono presentate le informazioni. Distorcono la realtà o rigirano la verità per adattarla alle loro narrazioni e ottenere il risultato desiderato.

Creazione di disorientamento e confusione: i manipolatori cambiano ad un certo punto atteggiamento, opinioni o promesse, lasciando la persona insicura e indecisa. Questo disorientamento rende la vittima più dipendente dal manipolatore per guidarla e fargli prendere decisioni al suo posto.

Controllo dell'autostima e dell'identità: l'autostima della vittima viene minata, facendola dubitare delle proprie capacità e del proprio valore. Anche la percezione che la persona ha di sé traballa fino ad arrivare a credere di essere dipendente, incapace o indesiderabile senza il suo manipolatore.

La psicologia nera è un campo complesso che si basa su una serie di tecniche e strategie volte a manipolare e controllare le menti degli altri. Se utilizzate in modo consapevole e malevolo, esse possono avere effetti devastanti sul benessere e sulla libertà delle persone coinvolte.

Vediamo adesso alcune tecniche e strategie messe in atto nella psicologia nera:

Gaslighting: è una tecnica di manipolazione che mira a far dubitare la vittima della propria percezione della realtà. Il manipolatore cercherà di negare, distorcere o minimizzare gli eventi, le parole o i comportamenti, facendo sentire la vittima confusa, insicura e persino pazza, indebolendone la fiducia nella propria intuizione e nel proprio giudizio, rendendola più suscettibile alla manipolazione;

Coercizione emotiva: impiega il controllo e l'influenza sui sentimenti e sulle emozioni della vittima. Il manipolatore può utilizzare il senso di colpa, il ricatto emotivo o la minaccia di abbandono per ottenere ciò che desidera. La vittima può sentirsi intrappolata e obbligata a conformarsi alle richieste del manipolatore per paura di perdere l'affetto o il sostegno emotivo;

Isolamento sociale: il manipolatore cercherà di separare la vittima dalla propria rete di sostegno, come amici e familiari, limitando così le fonti di validazione esterna e rendendola dipendente esclusivamente dalla relazione con lui. L'isolamento sociale può creare una maggiore dipendenza emotiva e rendere più difficile per la vittima vedere la situazione in modo obiettivo;

Manipolazione della colpa: i manipolatori nella psicologia nera sono esperti nel far sentire la vittima colpevole per le proprie azioni. Utilizzano strategie per far sì che la vittima si prenda la responsabilità di tutto ciò che va storto nella relazione, anche quando non è a lei imputabile. Questo indebolisce l'autostima e l'autonomia, rendendo la persona più vulnerabile alla manipolazione;

Deumanizzazione e disumanizzazione: altre attività che funzionano sono la deumanizzazione e la disumanizzazione della vittima che viene ridotta a un oggetto o a una figura senza valore, in modo da giustificare e normalizzare la loro manipolazione.

La comunicazione svolge un ruolo fondamentale nella manipolazione mentale. Attraverso l'uso di strategie e tecniche di comunicazione efficaci i manipolatori cercano di influenzare gli altri e ottenere ciò che desiderano. Comprendere l'importanza di questa comunicazione è essenziale per proteggersi e sviluppare una consapevolezza critica.

Ecco alcuni punti chiave da considerare:

Creazione di fiducia e connessione: i manipolatori cercano di creare un senso di fiducia e connessione con la loro vittima. Utilizzano abilmente tecniche come l'ascolto attivo, l'empatia e l'uso di linguaggio persuasivo per instaurare un legame emotivo. Questa connessione può rendere la preda più aperta alle influenze del manipolatore e disposta a compiacere le sue richieste;

Utilizzo di tecniche di persuasione: i manipolatori utilizzano strategie come la persuasione reciproca, la creazione di consenso apparente e l'uso di prove sociali per convincere gli altri ad accettare le loro idee o comportarsi in determinati modi. Possono sfruttare le emozioni, le credenze personali o le circostanze specifiche per manipolare la percezione e le decisioni delle persone.

Manipolazione dei segnali non verbali: non solo le parole contano, ma anche i segnali non verbali giocano un ruolo significativo. I manipolatori sono esperti nell'utilizzo di gesti, espressioni facciali e postura per manipolare le reazioni e le percezioni degli altri. Possono sfruttare il linguaggio del corpo per creare un senso di superiorità, minacciare o indurre un senso di sicurezza;

Controllo delle informazioni: i manipolatori sono abili nel controllo delle informazioni che condividono con gli altri. Selezionano attentamente ciò che comunicano, cosa omettono o come lo presentano per influenzare la percezione e le reazioni delle persone. Questo controllo delle informazioni permette loro di manipolare la realtà e creare una narrativa che supporti i loro scopi;

Uso di tecniche di suggestione: la suggestione è un potente strumento utilizzato per influenzare i pensieri e i comportamenti degli altri. Utilizzare l'ipnosi, parole suggestive o il condizionamento è un metodo per far sì che le persone agiscano in determinati modi o accettino determinate credenze. Queste tecniche sfruttano la vulnerabilità e la suggestionabilità delle persone, portandole a fare scelte che possono non essere coerenti con i loro desideri o valori.

È importante sviluppare una consapevolezza critica della comunicazione nella manipolazione mentale per proteggersi e difendersi. Riconoscere le strategie di comunicazione utilizzate dai manipolatori, come la creazione di fiducia e connessione, l'uso di tecniche persuasive, il controllo delle informazioni, la manipolazione dei segnali non verbali e l'uso di tecniche di suggestione può aiutare a prevenire di cadere nelle loro trappole. Inoltre, coltivare una comunicazione sana, basata sul rispetto reciproco e sull'ascolto attivo, può favorire relazioni autentiche e ridurre la vulnerabilità alla manipolazione mentale.

Alcune persone possono essere più vulnerabili di altre. È importante capire quali siano i fattori che contribuiscono a questa vulnerabilità per poter riconoscere i segnali di allarme e proteggere sé stessi e gli altri.

Ecco alcune caratteristiche che rendono una persona più vulnerabile alla manipolazione mentale:

Bassa autostima: le persone con una bassa autostima tendono ad avere una visione negativa di sé stesse e a dubitare delle proprie capacità. Questa mancanza di fiducia può renderle più dipendenti dall'approvazione e dall'attenzione degli altri. I manipolatori possono approfittare di questa vulnerabilità, sfruttando l'insicurezza della vittima per esercitare un controllo su di lei;

Bisogno di approvazione e accettazione: coloro che cercano in modo disperato l'approvazione e l'accettazione degli altri possono essere particolarmente vulnerabili alla manipolazione mentale. Questo desiderio di piacere e di essere amati può portarli a mettere da parte i propri bisogni e valori per soddisfare quelli degli altri. I manipolatori sfruttano questa dipendenza emotiva, fornendo un'illusione di affetto e supporto che in realtà è finalizzato al loro proprio vantaggio;

Tendenza alla sottomissione: alcune persone hanno una predisposizione naturale a essere sottomesse e a evitare i conflitti. Questa caratteristica può renderle più suscettibili alla manipolazione mentale, in quanto sono inclini a cedere alle richieste e ai desideri degli altri per mantenere la pace e l'armonia. I manipolatori sfruttano questa propensione, esercitando un controllo coercitivo sulla vittima e costringendola ad adattarsi alle loro aspettative;

Mancanza di confini personali: l'incapacità di stabilire e far rispettare confini personali sani può rendere una persona più vulnerabile alla manipolazione mentale. I manipolatori possono invadere lo spazio personale e i limiti dell'individuo, sfruttando la mancanza di assertività per ottenere ciò che desiderano. La difficoltà nel dire "no" o nel difendere i propri interessi rende più facile per il manipolatore ottenere il controllo e manipolare la vittima;

Bisogno di relazioni intime: le persone che cercano disperatamente relazioni intime e significative possono essere più vulnerabili alla manipolazione mentale. Questo desiderio di connessione profonda può spingere la persona a ignorare i segnali di avvertimento e a giustificare i comportamenti manipolatori del partner. I manipolatori possono sfruttare questa necessità emotiva, creando dipendenza e costringendo la vittima a subire abusi e manipolazioni.

È importante sottolineare che la presenza di queste caratteristiche non giustifica né scusa la manipolazione mentale. Tuttavia, riconoscere e comprendere i fattori che possono rendere una persona più vulnerabile è di grande aiuto per sviluppare una maggiore consapevolezza e adottare misure di protezione. La consapevolezza di sé, l'autostima, l'assertività e la capacità di stabilire confini sani sono fondamentali per prevenire e contrastare la manipolazione mentale.

CAPITOLO 3: IL CLASSICO MANIPOLATORE E LA CLASSICA VITTIMA

Il classico manipolatore mentale presenta una serie di caratteristiche che gli permettono di influenzare e controllare gli altri in modo subdolo e manipolativo. Queste variano da individuo a individuo, ma ci sono alcune qualità comuni che spesso emergono.

Di seguito sono elencate alcune delle più tipiche:

- *Abilità comunicative superiori* → un manipolatore mentale è solitamente un abile comunicatore. Possiede una buona capacità di persuasione, sa come utilizzare il linguaggio e la retorica per influenzare gli altri. Può essere affascinante, convincente e carismatico, rendendo difficile per gli altri riconoscere la sua manipolazione;

- *Mancanza di empatia* → uno dei tratti distintivi del manipolatore mentale è la mancanza di empatia. Non riesce a comprendere e a connettersi con le emozioni e le esigenze degli altri. Utilizza questa mancanza a suo vantaggio, cercando di controllare le persone senza preoccuparsi delle conseguenze o del danno che può causare;

- *Controllo e dominio* → il manipolatore mentale cerca di esercitare un controllo completo sugli altri. Utilizza tattiche come la manipolazione emotiva, la coercizione psicologica e la minaccia per ottenere ciò che desidera. Vuole dominare la mente e le azioni degli altri, spesso cercando di sopraffarli e renderli dipendenti da lui;

- *Manovre sottili* → un manipolatore mentale è maestro nell'utilizzare tattiche sottili per manipolare gli altri. Può utilizzare il silenzio, la colpa, il complimento o la lusinga per ottenere ciò che vuole. Sa come giocare con le emozioni altrui e trarre vantaggio dalle loro debolezze;

- *Mancanza di responsabilità* → il manipolatore mentale tende a evitare qualsiasi forma di responsabilità per le sue azioni. Cerca di scaricare la colpa sugli altri o di giustificare il suo comportamento manipolativo. Si rifiuta di assumersi la responsabilità delle conseguenze di ciò che fa e si comporta come se fosse sempre lui vittima degli altri;

- *Instabilità emotiva* → nonostante appaia sicuro e controllato all'esterno, il manipolatore mentale è spesso emotivamente instabile e passa rapidamente da un'emozione all'altra, utilizzando fluttuazioni emotive per soggiogare gli altri. Questa instabilità può rendere difficile prevedere le sue azioni e le sue reazioni;

- *Mancanza di rispetto per i confini personali* → un manipolatore mentale non rispetta i confini personali degli altri. Invade lo spazio, viola la privacy e ignora i desideri e i bisogni altrui. Cerca di controllare ogni aspetto della vita delle persone che manipola, tentando di renderle dipendenti da lui.

È importante notare che queste caratteristiche possono variare da individuo a individuo e che il manipolatore mentale può utilizzare una combinazione di queste tattiche per ottenere il controllo sugli altri. Riconoscere questi tratti è fondamentale per proteggersi dalla manipolazione e per sviluppare una maggiore consapevolezza delle dinamiche relazionali.

La tipica vittima del manipolatore mentale presenta una serie di caratteristiche che la rendono vulnerabile al plagio e al controllo dell'altro individuo. Queste caratteristiche possono variare da persona a persona, ma ci sono alcuni tratti comuni che spesso emergono.

Di seguito sono elencate alcune delle caratteristiche tipiche:

- *Empatia e sensibilità* → le vittime del manipolatore mentale tendono ad essere empatiche e sensibili alle emozioni e ai bisogni degli altri. Questa apertura può renderle più suscettibili alla manipolazione, in quanto cercano di soddisfare le richieste e le esigenze dell'altro a scapito delle proprie;

- *Bassa autostima* → le vittime del manipolatore mentale spesso hanno una bassa autostima e una mancanza di fiducia in sé stesse. Questo le rende più suscettibili alle lusinghe e ai complimenti del manipolatore, che sfrutta queste debolezze per ottenerne il controllo;

- *Bisogno di approvazione e accettazione* → le vittime del manipolatore mentale cercano spesso l'approvazione e l'accettazione degli altri. Sono disposte a fare qualsiasi cosa per essere considerate degne di amore e apprezzamento, momento in cui il manipolatore approfitta per dominarle;

- *Paura del conflitto* → le vittime del manipolatore mentale spesso evitano il conflitto a ogni costo. Temono di essere giudicate, criticate o abbandonate e quindi si sottomettono alle richieste del manipolatore pur di mantenere la pace e l'armonia nella relazione;

- *Mancanza di confidenza nelle proprie decisioni* → le vittime del manipolatore mentale spesso dubitano delle proprie capacità decisionali e si affidano all'altro per fargli prendere le scelte al proprio posto. Il manipolatore sfrutta questa incertezza per imporre le proprie volontà e controllare la direzione della relazione;

- *Tendenza all'autocolpevolizzazione* → le vittime del manipolatore mentale hanno la tendenza a prendersi la colpa per i problemi e le difficoltà nella relazione. Si sentono responsabili per le azioni del manipolatore e cercano di giustificarle o scusarle, anche quando sono state vittime di abuso;

- *Dipendenza emotiva* → le vittime del manipolatore mentale spesso sviluppano una dipendenza emotiva dall'altro individuo. Si sentono legate al manipolatore e dipendono dalla sua approvazione e affetto per il proprio benessere emotivo. Questa dipendenza rende difficile per loro allontanarsi dalla relazione tossica.

Riconoscere queste dinamiche relazionali può aiutare le vittime a prendere consapevolezza della situazione e a cercare il sostegno necessario per uscire da una relazione manipolativa.

CAPITOLO 4: COMUNICAZIONE PERSUASIVA

La comunicazione persuasiva è una forma di comunicazione intenzionale che mira a influenzare le convinzioni, le attitudini o i comportamenti degli altri. Si differenzia dalla comunicazione tradizionale, in quanto si focalizza sull'utilizzo di strategie e tecniche specifiche per ottenere il consenso o l'adesione alle proprie idee o obiettivi.

La comunicazione persuasiva è caratterizzata da un chiaro scopo e dall'intenzione di influenzare il destinatario. L'obiettivo è spingerlo a adottare un determinato punto di vista, ad agire in un certo modo o ad accettare una determinata idea. Al contrario la comunicazione tradizionale può essere incentrata sulla trasmissione di informazioni o sulla condivisione di pensieri senza uno scopo.

Nella comunicazione persuasiva vengono impiegate diverse strategie e tecniche per ottenere l'adesione o il consenso. Queste possono includere l'uso di argomentazioni convincenti, l'evocazione di emozioni, l'utilizzo di prove sociali o l'appello all'autorità. La comunicazione tradizionale invece è più neutra e informativa, senza un impegno specifico nell'influenzare i pensieri o i comportamenti del destinatario.

La comunicazione persuasiva tiene conto dei bisogni, dei desideri e dei valori del pubblico di riferimento. Si adatta al contesto e cerca di creare un'esperienza personalizzata per il destinatario al fine di suscitare una risposta emotiva o di soddisfare una determinata necessità. La comunicazione tradizionale è più generica e meno centrata sul pubblico specifico.

Nella comunicazione persuasiva è fondamentale stabilire e mantenere una relazione di fiducia con il destinatario. Può avvenire attraverso l'uso di linguaggio empatico, l'ascolto attivo e la dimostrazione di interesse per le opinioni e le esperienze del pubblico. La comunicazione tradizionale è più formale e impersonale, senza la stessa enfasi sulla costruzione di rapporti interpersonali.

La comunicazione persuasiva ha come obiettivo finale l'adesione o il cambiamento di comportamento del destinatario.

Può essere utilizzata per promuovere prodotti o servizi, sostenere cause sociali o politiche, influenzare decisioni aziendali o raggiungere altri scopi specifici. La comunicazione tradizionale è invece orientata alla condivisione di informazioni o al mantenimento delle relazioni senza un obiettivo di persuasione specifico.

Nella pratica della comunicazione persuasiva esistono diverse tecniche sfruttabili per influenzare le convinzioni, le attitudini e i comportamenti degli altri. Queste agevolano la comunicazione più efficace e il raggiungimento dei propri obiettivi persuasivi.

Di seguito sono elencate alcune delle tecniche più comuni utilizzate nella comunicazione persuasiva:

Creazione di rapporto: è la capacità di creare un rapporto solido con il pubblico di riferimento attraverso l'uso di linguaggio empatico, l'ascolto attivo e la dimostrazione di comprensione e interesse per le opinioni e le esperienze degli altri. La creazione di un legame emotivo con il pubblico facilita l'apertura alla persuasione e aumenta la fiducia nelle proposte o nei messaggi che vengono trasmessi.

Utilizzo di prove sociali: sono un potente strumento persuasivo che sfrutta l'influenza del comportamento degli altri sulle nostre decisioni. Le persone tendono a considerare valide e adottare comportamenti, opinioni o scelte se vedono che sono condivisi o supportati da un numero significativo di persone. Utilizzare testimonianze, casi studio o statistiche che dimostrano un ampio consenso può aumentare la credibilità e l'efficacia della comunicazione.

Scarsità: la tecnica della scarsità si basa sul principio che le persone tendono a desiderare ciò che è raro o difficile da ottenere. Utilizzare questo sistema può creare un senso di urgenza e spingere ad agire o ad accettare un'offerta prima che sia troppo tardi. Ad esempio, l'uso di limitazioni di tempo o di quantità aumenta generalmente l'attrattiva e la percezione del valore di ciò che viene proposto.

Autorità: sfruttarla aumenta la credibilità e l'influenza di una comunicazione persuasiva. Questo può essere fatto citando esperti riconosciuti nel campo, utilizzando statistiche o ricerche accreditate o facendo riferimento a testimonianze di figure autorevoli. L'idea è che le persone tendano a fidarsi e ad accettare più facilmente le informazioni o le proposte provenienti da fonti che sono considerate autorevoli nel settore.

Appello alle emozioni: esse svolgono un ruolo significativo nella presa di decisioni e nell'accettazione di idee. L'utilizzo di storie coinvolgenti, immagini evocative o parole che suscitano emozioni crea un'influenza nelle persone in modo profondo, rendendole più aperte alla persuasione. Il coinvolgimento emotivo può facilitare l'identificazione con un messaggio e aumentare la probabilità che una persona si impegni o si adatti a una certa posizione o azione.

È importante notare che queste tecniche dovrebbero essere sempre utilizzate con responsabilità ed etica. La comunicazione persuasiva deve essere basata sulla trasparenza, sull'onestà e sul rispetto per il pubblico di riferimento. L'obiettivo non è manipolare o ingannare, ma piuttosto presentare argomenti e informazioni in modo persuasivo per consentire alle persone di prendere decisioni informate e consapevoli.

CAPITOLO 5: MANIPOLAZIONE EMOTIVA

Nella manipolazione emotiva vengono utilizzate diverse tecniche per influenzare le emozioni e le reazioni delle persone al fine di ottenere il controllo o raggiungere determinati obiettivi.

I manipolatori emotivi cercano di individuare le insicurezze per utilizzarle a proprio vantaggio. Potrebbero per esempio mettere in discussione la fiducia o l'autostima della vittima, facendola sentire insicura e dipendente dal manipolatore. In questo modo egli riesce ad ottenere un maggiore controllo su di lei e influenzarne le decisioni.

Un'altra tecnica comune nella manipolazione emotiva è quella di generare paura e ansia nella vittima. Il manipolatore può utilizzare minacce velate, creare situazioni di incertezza o utilizzare tattiche intimidatorie per mettere la vittima in uno stato di allerta costante. In questo modo esercita un controllo psicologico e condiziona le sue azioni.

Un manipolatore tenta di isolare la vittima dai suoi amici, familiari o reti di supporto attraverso il controllo delle comunicazioni, la creazione di dipendenza emotiva o la distorsione della percezione della vittima nei confronti di coloro che le sono vicino. L'isolamento rende la vittima più vulnerabile alla manipolazione e meno propensa a cercare aiuto esterno.

Come ho già accennato nelle pagine precedenti il manipolatore in questo caso fa sentire la vittima colpevole o vergognosa riguardo a determinati comportamenti o situazioni attraverso l'uso di critiche costanti, l'esagerazione degli errori commessi o l'alterazione delle aspettative della vittima stessa. In questo modo comanda il suo comportamento e la induce a fare ciò che egli desidera.

Inoltre, non solo le emozioni negative vengono utilizzate, ma anche quelle positive, distorcendole come nel caso del ricompensare la vittima con l'affetto, l'approvazione o l'amore condizionato, creando dipendenza emotiva e obbligandola così a soddisfare i desideri del manipolatore per mantenere quel rapporto che lei crede sia positivo.

È assolutamente indispensabile riconoscere queste tecniche per proteggersi e proteggere gli altri dagli abusi.

Nella manipolazione emotiva la comunicazione gioca un ruolo fondamentale nel plasmare le percezioni, le emozioni e i comportamenti umani. I manipolatori emotivi utilizzano determinati stili comunicativi per influenzare gli altri e raggiungere i propri obiettivi.

I manipolatori emotivi:

- sanno come utilizzare il linguaggio per suscitare reazioni e influenzare gli altri. Possono adottare un tono persuasivo, utilizzare parole cariche di pathos e sfruttare il loro potere per alterare le percezioni e le risposte;

- sanno come gestire le emozioni delle persone per controllarle, facendole sentire così in colpa, ansiose o insicure, allo scopo di ottenere ciò che vogliono. Un esempio è quello di far leva sul senso di colpa per ottenere il consenso o sfruttare le paure per imporre il loro proprio punto di vista. La gestione delle emozioni nella comunicazione manipolativa mira a influenzare le reazioni emotive delle persone per ottenere un vantaggio;

- controllano o cambiano l'accesso all'informazione per

influenzare la percezione delle persone. Selezionano attentamente le informazioni da condividere, nascondono determinati dettagli o distorcono la verità per adattarla alle loro scorrette intenzioni. Questo controllo dell'informazione provoca la limitazione della capacità di prendere decisioni informate e di vedere la situazione in modo obiettivo;

- sfruttano l'emotività delle persone per raggiungere i propri scopi. Sono in grado di creare un clima emotivo intenso, utilizzare situazioni di crisi o alimentare sentimenti di paura, rabbia o tristezza per condizionare le reazioni degli altri e il loro comportamento. Sfruttando l'emotività possono ottenere una maggiore adesione e controllo sulla vittima.

Ci tengo a sottolineare nuovamente che l'obiettivo di questo libro non è di promuovere o incoraggiare l'utilizzo di queste tecniche, bensì quello di fornire una maggiore comprensione degli strumenti utilizzati dai truffatori.

La protezione dalla manipolazione emotiva è di fondamentale importanza per preservare la propria salute mentale e il proprio benessere emotivo. Riconoscere i segnali di allarme e adottare misure preventive permette di evitare di cadere nelle trappole dei manipolatori.

Proprio per questo insisto sull'argomento ed aggiungo due ulteriori consigli validi e concreti per proteggersi:

1. conoscere le tecniche utilizzate dai manipolatori emotivi è un passo importante per proteggersi. Educarsi sulle dinamiche della manipolazione emotiva, leggere libri e risorse affidabili sull'argomento e partecipare a corsi o workshop può fornire una migliore comprensione di come funzionano queste tattiche e come difendersi da esse;

2. i manipolatori emotivi spesso utilizzano tattiche come la distorsione della realtà e la diffusione di informazioni false per ottenere il controllo e influenzare le persone. È importante sviluppare un pensiero critico e verificare le informazioni prima di accettarle come vere. Cerca fonti affidabili e confronta le diverse prospettive per evitare di essere ingannato.

CAPITOLO 6: MANIPOLAZIONE NELLE RELAZIONI INTERPERSONALI

La manipolazione può manifestarsi in diversi contesti relazionali, ognuno dei quali presenta dinamiche uniche che possono favorire l'uso di tattiche manipolative.

Esaminiamo i diversi tipi di relazioni interpersonali in cui la manipolazione può verificarsi:

Relazioni di coppia

Sono particolarmente suscettibili alla manipolazione. Un partner manipolatore può cercare di controllare l'altro attraverso l'uso di tecniche come la colpa, l'intimidazione o la minaccia di abbandono. La manipolazione emotiva può minare la fiducia e l'autostima dell'altro partner, portando a una relazione squilibrata e dannosa;

Relazioni familiari

Anche nelle dinamiche familiari è possibile osservare forme di manipolazione, in quanto uno o più membri della famiglia potrebbe decide di utilizzarla per ottenere ciò che desidera o per mantenere un controllo sugli altri. Ciò può manifestarsi attraverso il ricorso ai sensi di colpa, manipolazione dell'affetto o creazione di dinamiche di dipendenza;

Relazioni amicali

Un amico manipolatore può cercare di ottenere vantaggi personali sfruttando la fiducia dell'altro. Ciò può includere l'uso di lusinghe, la distorsione della realtà o la creazione di dipendenza emotiva. La manipolazione in un'amicizia può portare a uno squilibrio di potere e a un senso di sfruttamento;

Relazioni lavorative

Nel contesto lavorativo la manipolazione può manifestarsi in varie forme. I superiori possono cercare di manipolare i dipendenti per ottenere risultati o per mantenere un controllo sui processi decisionali e produttivi. Essa può arrivare ad assumere pressioni psicologiche, promesse non mantenute, creazione di rivalità o anche sabotaggio dell'immagine. La manipolazione sul luogo di lavoro può però minare la produttività (anche se ciò non è accettato dai superiori) e il benessere dei dipendenti e sfociare in mobbing e altre forme di segregazione o sfruttamento, mirati anche alle dimissioni del malcapitato come unica via di scampo.

È importante riconoscere che non tutte le relazioni in queste categorie sono intrinsecamente manipolative. Tuttavia, è fondamentale essere consapevoli delle dinamiche manipolative che possono emergere in tali contesti e sviluppare le competenze necessarie per difendersi.

Riconoscere i segnali di allarme e i comportamenti tossici è fondamentale per identificare la presenza di manipolazione in una relazione interpersonale. Molti di questi segnali indicano che qualcuno sta cercando di esercitare un controllo e di influenzare l'altro in modo negativo.

Riconoscere i segnali di allarme non è sempre facile, soprattutto quando si è coinvolti direttamente e emotivamente, tuttavia è fondamentale prestare attenzione a tali comportamenti tossici e agire di conseguenza per proteggere se stessi.

Se sospetti di essere coinvolto in una relazione manipolativa, di essere schiacciato da comportamenti tossici, cerca supporto da amici fidati, familiari o professionisti qualificati che possano aiutarti a comprendere meglio la situazione e adottare misure risolutive per salvarti.

La manipolazione all'interno di una relazione interpersonale può avere conseguenze estremamente negative sia per la vittima che per la relazione stessa. È importante comprendere queste conseguenze per valutare l'importanza di affrontare e porre fine alla manipolazione.

Innanzitutto, la vittima della manipolazione può subire danni emotivi significativi. Il costante controllo, la gestione delle emozioni e il far sentire inadeguati possono minare l'autostima e la fiducia in sé stessi. La preda può sviluppare ansia, depressione e persino disturbi post-traumatici da stress. La manipolazione emotiva può lasciare cicatrici profonde e durature, rendendo difficile la capacità di fidarsi degli altri e di instaurare relazioni sane in futuro.

Inoltre, può portare alla perdita della propria identità e dell'autonomia. Il manipolatore mira a controllare ogni aspetto della vita della vittima, determinando le sue scelte, isolandola dai propri supporti sociali e costringendola a adattarsi alle sue richieste. La persona può perdere il senso di sé e la capacità di prendere decisioni autonome. Questa dipendenza può portare a una perdita di fiducia nelle proprie capacità e a una sensazione di impotenza.

È indispensabile rendersi conto che la manipolazione non è mai giustificabile e che la vittima non è responsabile per le azioni del manipolatore. Riconoscerne le conseguenze negative è il primo passo per porre fine a una relazione tossica.

Prevenire la manipolazione nelle relazioni interpersonali è fondamentale per mantenere una dinamica sana e rispettosa.

Ecco, quindi, altri suggerimenti da mettere subito in atto insieme a quelli già dati sopra:

Imparare a comunicare in modo assertivo

La comunicazione assertiva è fondamentale per prevenire vari tipi di problemi. Sii chiaro, diretto e rispettoso nel comunicare i tuoi pensieri, sentimenti e bisogni. Evita di scusarti per le tue opinioni o di permettere agli altri di manipolare l'espressione del tuo pensiero. Ricorda che hai il diritto di parlare e di essere ascoltato.

Fare affidamento sull'istinto

Se qualcosa non sembra giusto o se hai dubbi su una relazione, ascolta il tuo istinto. Spesso è lui che ci avverte quando qualcosa non va. Non ignorare i segnali di allarme e presta attenzione alle tue sensazioni viscerali.

Investire nella crescita personale

Sviluppa le tue abilità di assertività, autostima e comunicazione. Partecipa a corsi o workshop che ti aiutino a migliorare queste competenze. L'investimento nella tua persona ti renderà più consapevole e resiliente di fronte alla manipolazione e a tante altre situazioni che ti capiteranno nella vita.

Ricordarsi che meritiamo relazioni sane

Non accettare compromessi sulla tua felicità e il tuo benessere. Meriti relazioni basate sulla fiducia, rispetto e supporto reciproci. Non avere paura di porre fine a relazioni tossiche o manipolative se queste non accettano i tuoi bisogni e i tuoi valori.

Mantenere la calma

I manipolatori spesso cercano di scatenare emozioni intense e reazioni negative. Mantieni la calma e cerca di non farti coinvolgere emotivamente. La tua razionalità e la tua tranquillità ti aiuteranno a prendere decisioni migliori e a non cadere nelle trappole del manipolatore.

Raccogliere prove

Quando affronti un manipolatore è importante raccogliere

prove delle sue tattiche manipolative. Tieni un registro degli eventi, delle conversazioni o degli incidenti che dimostrano il suo comportamento manipolatorio. Queste prove possono essere utili se hai bisogno di rivolgerti alle autorità competenti o a un professionista qualificato per affrontare la situazione.

Non combattere il fuoco con il fuoco

Evita di reagire alle manipolazioni con comportamenti simili. Non scendere al livello del manipolatore e non cercare vendetta. Mantieni la tua integrità morale e cerca soluzioni pacifiche e rispettose per affrontare la situazione.

Focalizzarsi sul proprio benessere

Prenditi cura di te stesso durante il processo di gestione della manipolazione. Dedica del tempo al tuo benessere fisico, emotivo e mentale. Pratica l'autocura come l'esercizio fisico regolare, la meditazione o le attività che ti rilassano e ti portano gioia.

Valuta la possibilità di terminare la relazione

Se, nonostante tutti i tuoi sforzi per gestire tale relazione, la situazione continua a essere tossica e dannosa per il tuo benessere, valuta la possibilità di porre fine alla stessa. Mettere la tua salute e il tuo benessere al primo posto è essenziale e talvolta significa proprio allontanarsi da ciò che ti crea tanto malessere.

La gestione della manipolazione richiede coraggio, determinazione e consapevolezza. Sappi che non sei da solo e che ci sono risorse disponibili per aiutarti a navigare attraverso queste situazioni difficili.

CAPITOLO 7: PSICOLOGIA DEL POTERE E DELL'INFLUENZA

Il concetto di potere e influenza è centrale nelle dinamiche umane e nella comprensione delle relazioni sociali. Entrambi rappresentano le forme di controllo e capacità di modificare il comportamento o le decisioni degli altri, ma differiscono in termini di natura e modalità di espressione. In questo contesto definirò il potere come la capacità di imporre la propria volontà sugli altri, mentre l'influenza sarà considerata come la capacità di persuadere e convincere gli altri a seguire una certa direzione o a adottare determinati comportamenti.

Il potere può essere esercitato in diverse forme, sia in modo esplicito che implicito. Le fonti di potere possono derivare da posizioni di autorità formali, come il potere politico o il potere gerarchico all'interno di un'organizzazione. Va aggiunto che il potere può anche essere basato su risorse personali come il carisma, l'expertise o il controllo delle informazioni. Esso può essere coercitivo, cioè basato sulla capacità di punire o infliggere conseguenze negative, o può essere ricompensante, basato sulla capacità di offrire ricompense o benefici.

Dall'altra parte, l'influenza si basa sulla capacità di convincere gli altri attraverso la persuasione, l'argomentazione o l'ispirazione. L'influenza può essere esercitata attraverso il potere del linguaggio e della comunicazione, utilizzando abilità persuasive per presentare argomenti convincenti. La persuasione si basa sull'uso di logica, emozione e credibilità per indurre un cambiamento di atteggiamento o comportamento nelle persone.

Una delle principali differenze tra potere e influenza è la natura della relazione tra colui che esercita il controllo e coloro che sono influenzati. Nel caso del potere il controllo è spesso imposto unilateralmente e può portare a una relazione asimmetrica, in cui una parte detiene il potere e l'altra subisce le decisioni o le azioni imposte. L'influenza invece si basa sulla reciprocità e sulla volontà delle persone di essere influenzate. Si verifica attraverso la persuasione e il consenso, spingendo le persone a seguire una determinata direzione in base alla loro volontà e alle loro scelte.

Un altro aspetto distintivo è che il potere spesso implica una forma di controllo coercitivo o ricompensante, mentre l'influenza si basa sulla condivisione di valori, idee e interessi comuni. Mentre il potere può generare risentimento o resistenza, l'influenza può creare un senso di fiducia e rispetto reciproco.

È importante notare che potere e influenza possono interagire e suggestionarsi reciprocamente. Chi possiede un alto livello di influenza può anche ottenere potere e viceversa. Ad esempio, un leader carismatico può utilizzare la sua influenza per ottenere una posizione di potere all'interno di un'organizzazione.

Come dicevo poc'anzi, nell'ambito delle relazioni umane esistono diverse fonti di potere che possono influenzare il comportamento e le decisioni degli individui. Queste sono spesso basate su attributi personali, posizioni di autorità o capacità di controllare risorse. Vediamo nel dettaglio le principali fonti di potere.

Potere legittimo: deriva dalla posizione formale o dal ruolo di autorità che una persona occupa. Ad esempio, un presidente, un direttore o un capo hanno un potere legittimo basato sulla loro autorità formale. Questo genere si fonda sulla credenza che la persona abbia il diritto di comandare o prendere decisioni in virtù della sua posizione gerarchica;

Potere di ricompensa: deriva dalla capacità di offrire benefici, incentivi o ricompense a coloro che si sottomettono al controllo. Ad esempio, un datore di lavoro può offrire aumenti di stipendio, promozioni o altri vantaggi per motivare e influenzare i dipendenti. Si basa sulla capacità di soddisfare i bisogni o le aspettative delle persone attraverso ricompense materiali o psicologiche.

Potere coercitivo: consta nella capacità di infliggere punizioni o conseguenze negative per controllare il comportamento degli altri. Si fonda sulla paura delle conseguenze e può essere esercitato attraverso minacce, punizioni o restrizioni. Porto l'esempio di un capo che può licenziare un dipendente o di un genitore che può privare un figlio di privilegi per esercitare il potere coercitivo.

Potere di riferimento: arriva dalla capacità di una persona di ispirare, influenzare o essere un modello per gli altri. Ha per riferimento la fiducia, la stima e l'ammirazione che le persone nutrono verso di lei. Un leader carismatico o una figura di spicco in un campo specifico può esercitare un forte potere di riferimento, influenzando le opinioni e il comportamento degli altri.

Potere di competenza: la conoscenza, l'esperienza o le abilità di una persona in un determinato settore gli donano questa dote.

Quando questa persona è riconosciuta come un esperto o un'autorità in una specifica materia, il suo potere deriva dalla sua competenza. Qui l'esempio può essere un medico o un consulente finanziario esperto che esercita un potere di competenza su coloro che cercano la sua consulenza e seguono le sue indicazioni.

È importante notare che queste fonti di potere possono interagire e sovrapporsi: una persona può esercitare il potere legittimo e il potere coercitivo come capo di un'organizzazione, o il potere di riferimento e il potere di competenza come leader carismatico nel proprio campo. La combinazione di diverse fonti di potere può influenzare l'efficacia e l'impatto di un individuo nel contesto delle relazioni interpersonali e delle dinamiche di gruppo.

Comprendere le diverse fonti di potere è essenziale per sviluppare una consapevolezza critica delle dinamiche sociali e relazionali. Ciò consente di riconoscere come il potere può essere utilizzato in modo costruttivo o distruttivo e di adottare strategie per bilanciare e negoziare le relazioni di potere in modo equo ed etico.

Nel corso delle interazioni umane vengono utilizzate diverse tecniche per influenzare gli altri e ottenere il consenso o il comportamento desiderato. Queste, fondate su principi psicologici e sociologici, sfruttano le nostre risposte cognitive ed emotive per indurre il cambiamento. Vediamo nel dettaglio alcune delle tecniche di influenza più comuni:

Persuasione: mira a cambiare le opinioni, le credenze o i comportamenti delle persone attraverso la presentazione di argomenti convincenti e allettanti. La persuasione coinvolge spesso l'uso di logica, emotività, prove concrete e argomentazioni razionali per influenzare l'altro. Un venditore può utilizzare la persuasione per convincere un cliente a fare un acquisto.

Reciprocità: si basa sull'idea che le persone tendano a restituire favori o gesti positivi in modo proporzionale. Questa tecnica sfrutta il senso di obbligo o di debito che si instaura quando qualcuno ci fa un favore o ci offre qualcosa di valore. L'esempio può essere quello che un amico che ci invita a cena potrebbe aspettarsi che noi ricambiamo l'invito.

Impegno e coerenza: è la tendenza delle persone a mantenere la coerenza con le proprie azioni e impegni presi in passato. Una volta che si è presa verbalmente o pubblicamente la responsabilità di una certa posizione o comportamento, si è più inclini a mantenerla anche in futuro. Per esempio, se si promette di fare volontariato, si è più propensi a continuare a farlo.

Prova sociale: è l'attitudine delle persone a seguire i comportamenti o le scelte degli altri in situazioni ambigue o incerte. Quando siamo indecisi su cosa fare, tendiamo a guardare agli altri per capire come comportarci. Un classico è che se vediamo una lunga fila di persone fuori da un ristorante, iniziamo a dedurre che quel posto è di alta qualità e decidiamo di metterci in coda con loro.

Autorità: sfrutta l'influenza derivante dalla percezione di autorità o competenza di un individuo o di un'istituzione. Le persone tendono ad ascoltare e rispettare coloro che sono considerati esperti o figure autorevoli in un determinato campo, come un medico o un professore può utilizzare la sua autorità per influenzare le decisioni dei pazienti o degli studenti.

Queste sono solo alcune delle tecniche di influenza più conosciute utilizzate nella comunicazione e nei rapporti sociali. È importante notare che esse possono essere utilizzate in modo etico o manipolativo, a seconda dell'intento e del contesto in cui vengono applicate; proprio per questo ho deciso di rendertele note.

L'etica nell'uso del potere e dell'influenza è di fondamentale importanza per creare relazioni sane e sostenibili, sia a livello individuale che sociale, in quanto entrambi sono un potente strumento per ottenere risultati desiderati. È per questo cruciale considerare l'impatto che possono avere sulle persone coinvolte e sulla società nel suo complesso.

Discutere l'etica nell'uso del potere e dell'influenza significa riflettere su come utilizzarli in modo responsabile, rispettoso e consapevole.

Innanzitutto, l'etica implica ponderare gli obiettivi e le conseguenze delle nostre azioni. Quando utilizziamo il potere e l'influenza per convincere gli altri, dobbiamo chiederci se le nostre intenzioni sono oneste e se gli effetti delle nostre azioni sono positivi. È importante chiedersi se stiamo cercando di promuovere il bene comune o se stiamo cercando di ottenere vantaggi personali a spese degli altri. L'etica dell'influenza richiede che valutiamo le conseguenze delle nostre azioni a breve e lungo termine e che cerchiamo di massimizzare il benessere di tutte le parti coinvolte.

In aggiunta l'etica implica anche il rispetto dei diritti e della dignità degli altri. Quando esercitiamo il potere o l'influenza dobbiamo essere consapevoli del fatto che le persone hanno il diritto di prendere decisioni autonome e di esprimere le proprie opinioni. Dobbiamo evitare di manipolare o costringere gli altri a fare qualcosa contro la loro volontà. L'etica dell'influenza richiede che rispettiamo la diversità di pensiero e che riconosciamo l'importanza di consentire agli altri di prendere decisioni informate in base alle proprie valutazioni personali.

La trasparenza e l'apertura sono altri aspetti chiave dell'etica nell'uso del potere e dell'influenza. Dobbiamo cercare di essere chiari e sinceri nella nostra comunicazione, evitando di nascondere informazioni o di manipolare le percezioni degli altri. Dobbiamo sottrarci dall'utilizzare informazioni false o distorte per influenzare le decisioni delle persone. L'etica richiede che pratichiamo la comunicazione aperta e onesta, consentendo di avere tutte le informazioni necessarie per deliberare in modo informato.

La consapevolezza del contesto è un altro elemento cruciale dell'etica dell'influenza. Le norme e i valori possono variare a seconda dello scenario e da cultura a cultura; ciò significa che dobbiamo essere sensibili alle differenze culturali e rispettare le diverse prospettive. Questo implica anche l'attenzione all'asimmetria del potere nelle relazioni. Se siamo in posizioni di autorità, dobbiamo essere consapevoli dell'impatto che le nostre parole e azioni possono avere sugli altri e fare in modo di non abusare di questa nostra posizione.

Per mantenere l'etica nell'uso del potere e dell'influenza può essere utile creare una sorta di bilancio tra gli obiettivi personali e il benessere degli altri. Chiedersi se le nostre azioni sono etiche richiede una costante autoriflessione e autovalutazione.

Possiamo domandare il parere di chi ci circonda per essere consapevoli di come le nostre azioni influenzano gli altri.

La gestione del potere e dell'influenza in modo efficace ed etico richiede una combinazione di competenze, consapevolezza e integrità. Quando si detiene potere o si desidera influenzare gli altri è importante farlo in modo responsabile, rispettando i diritti e la dignità delle persone coinvolte. Di seguito è fornita solo una parte di consigli su come gestire il potere e l'influenza in modo efficace ed etico.

Praticare la comunicazione efficace

La comunicazione è uno strumento potente per gestire il potere e l'influenza. Sii chiaro, trasparente e onesto nella tua comunicazione. Ascolta attentamente gli altri e cerca di comprendere le loro prospettive. Evita l'uso di manipolazioni verbali o di informazioni distorte per influenzare. La comunicazione efficace crea fiducia e favorisce un clima di collaborazione.

Focalizzarsi sul valore aggiunto

Quando utilizzi il potere o l'influenza, cerca di concentrarti sul valore aggiunto che puoi portare agli altri. Piuttosto che mirare solo al proprio interesse personale, chiediti come puoi contribuire al benessere della comunità. Questa prospettiva orientata al valore aiuta a promuovere relazioni positive e a costruire fiducia.

Praticare la responsabilità sociale

La gestione del potere e dell'influenza richiede un impegno verso la responsabilità sociale. Considera l'impatto delle tue decisioni sulle persone coinvolte e sulla società nel suo complesso. Sii consapevole delle disuguaglianze di potere esistenti e cerca di utilizzare il tuo per ridurle e promuovere la giustizia sociale.

Cercare il consenso e coinvolgere gli altri

Quando si tratta di prendere decisioni che coinvolgono altre persone tenta di farlo attivamente nel processo decisionale. Cerca il consenso e chiedi il parere. Ciò promuove un senso di ownership e di responsabilità condivisa, evitando l'abuso del potere e dell'influenza.

Essere un modello di comportamento etico

La gestione efficace ed etica del potere e dell'influenza richiede l'esemplificazione di un comportamento etico. Sii coerente tra ciò che dici e ciò che fai. Sii un modello di integrità e rispetto, promuovendo una cultura etica nel tuo ambito di influenza.

Continuare a imparare e crescere

La gestione del potere e dell'influenza è un percorso di apprendimento continuo. Cerca opportunità per sviluppare le tue competenze di leadership e di apprendere dagli altri. Partecipa a programmi di formazione, leggi libri e affidati al supporto di mentori o coach. La crescita personale continua ti aiuterà a gestire il potere e l'influenza in modo sempre più efficace ed etico.

CAPITOLO 8: PSICOLOGIA DELLE RELAZIONI TOSSICHE

Una relazione tossica è un tipo di rapporto interpersonale che comporta dinamiche negative e dannose per almeno una delle persone coinvolte. Questo tipo di relazione è caratterizzato da comportamenti e interazioni che possono causare stress, dolore emotivo e squilibrio nel benessere generale delle persone coinvolte. È importante sottolineare che una relazione tossica può verificarsi in diversi contesti, come storie romantiche, amicizie, famiglie o ambienti di lavoro.

Esse si differenziano dalle relazioni sane in vari modi. In una relazione sana le persone coinvolte si sostengono reciprocamente, si rispettano e cercano l'una il benessere dell'altra, c'è una comunicazione aperta e onesta, dove i bisogni e le preoccupazioni vengono ascoltati e affrontati in modo costruttivo. Le relazioni sane si basano sulla fiducia, sul rispetto reciproco e sulla volontà di lavorare insieme per il successo della relazione.

Le relazioni tossiche sono caratterizzate da un disequilibrio di potere e da comportamenti dannosi. Uno o entrambi i partner possono essere controllanti, manipolatori o abusivi in vari modi. Ciò può includere la coercizione emotiva, l'isolamento, l'abuso verbale o fisico, la mancanza di rispetto e la violazione dei confini personali. C'è un disinteresse nei confronti dei bisogni dell'altro e un egocentrismo che mette a repentaglio la salute della relazione.

Le relazioni tossiche possono causare ansia, depressione, bassa autostima e una sensazione generale di insoddisfazione nella vita, oltre a dipendenza emotiva, facendo sì che le persone si sentano intrappolate in un ciclo reso vizioso da cui è difficile uscire.

È importante riconoscere i segni di una relazione tossica e agire di conseguenza. Ciò può implicare l'assunzione di responsabilità per la propria felicità e il proprio benessere, cercando aiuto da parte di professionisti come terapeuti o consulenti di coppia e prendendo decisioni coraggiose come allontanarsi. Il processo di guarigione e recupero può richiedere tempo e supporto, ma è essenziale per ripristinare il benessere e costruire relazioni più sane e appaganti in futuro.

Riconoscere i segnali di allarme di una relazione tossica è fondamentale per proteggere il proprio benessere emotivo e psicologico. Nelle pagine precedenti ho elencato per punto molti degli avvertimenti che ti possono portare a pensare di trovarti davanti ad una relazione tossica manipolante.

È infatti importante prestare attenzione a queste allarmi e prendere sul serio le proprie preoccupazioni, perché le relazioni tossiche possono avere conseguenze profonde sulla salute mentale e fisica delle vittime coinvolte.

Ecco ancora alcune delle conseguenze negative più comuni:

Stress e ansia: sono caratterizzate da una costante tensione emotiva e da un clima di insicurezza. Le vittime vivono nell'ansia costante di non soddisfare le aspettative del partner tossico, di subire abusi o di scatenare la rabbia dell'altro. Questo livello di stress prolungato può portare a disturbi d'ansia, attacchi di panico e disturbi dello stress post-traumatico.

Depressione: le persone coinvolte in relazioni tossiche spesso sperimentano sentimenti di tristezza, disperazione e perdita di interesse per le attività che solitamente portano gioia. L'essere costantemente soggetti a manipolazione, abuso emotivo e mancanza di rispetto può erodere gradualmente l'autostima e l'immagine di sé, portando a sintomi depressivi.

Problemi fisici: lo stress e l'ansia cronici derivanti da una relazione tossica possono avere un impatto fisico sulla salute. Le vittime possono sperimentare sintomi come mal di testa frequenti, problemi gastrointestinali, disturbi del sonno e alimentari. L'esposizione a situazioni di abuso può anche portare a traumi fisici, lesioni o maltrattamenti.

Ciclo di violenza: in alcune relazioni tossiche si verifica un ciclo di violenza, in cui episodi di abuso sono seguiti da momenti di calma o amore finto da parte del partner tossico. Questo può intrappolare le vittime in una spirale emotiva, facendo sì che restino nella relazione nella speranza che le cose migliorino. Può causare danni psicologici e fisici significativi e perpetuare il senso di impotenza e di prigionia delle vittime.

Ecco che uscire da una relazione tossica può essere un processo difficile e spaventoso, ma è fondamentale per il proprio benessere emotivo e fisico.

Ecco alcuni consigli su come affrontare questa situazione e cercare il supporto necessario.

Riconoscere e accettare la tossicità della relazione

Il primo passo per uscire da una relazione tossica è riconoscere che si è coinvolti in una dinamica dannosa. Accettare che la relazione non è sana e che si merita di essere trattati con rispetto e dignità è essenziale per iniziare il processo di guarigione.

Creare un piano di uscita

Prima di affrontare il manipolatore è importante creare un piano di uscita che preveda la sicurezza e l'autonomia. Questo può includere la ricerca di un luogo sicuro dove trasferirsi, mettere da parte risorse finanziarie, cercare supporto legale se necessario e stabilire una rete di sostegno di amici o familiari fidati.

Mettere in discussione le manipolazioni

I manipolatori tendono a giocare con le emozioni delle vittime, facendo sì che si sentano in colpa, inadeguate o dipendenti da loro. È importante mettere in discussione queste manipolazioni e riconoscere che sono tattiche per mantenere il controllo.

Cercare supporto esterno

Non è necessario affrontare da soli una relazione tossica. Cerca supporto esterno da amici, familiari o professionisti qualificati, come terapeuti o consulenti. Queste persone possono offrire un sostegno emotivo, un punto di vista esterno e risorse utili per affrontare la situazione.

Proteggersi

Durante il processo di uscita da una relazione tossica è importante prendere misure per proteggere la propria sicurezza e benessere. Ciò può includere la modifica delle password dei propri account, la limitazione dei contatti con il manipolatore, la documentazione delle prove di abuso o manipolazione e la valutazione della necessità di restrizioni legali come ordini di protezione.

Investire nel proprio benessere

Dopo aver lasciato una relazione tossica, dedicare tempo ed energia per il proprio benessere è fondamentale. Ciò può includere la partecipazione a terapie o gruppi di sostegno, l'adottare abitudini salutari come l'esercizio fisico regolare e una dieta equilibrata e l'esplorazione di attività che portino gioia e guarigione come l'arte, la meditazione o la pratica di hobby che si amano.

Perdonare sé stessi

Uscire da una relazione tossica può comportare un senso di colpa, vergogna o frustrazione per aver permesso che la situazione si verificasse. È importante perdonarsi e riconoscere che si è stati sfruttati e ingannati. Rivolgere gentilezza e compassione verso sé stessi è essenziale per il processo di guarigione.

Fare tutto questo richiede coraggio e determinazione. Se ti trovi in una situazione del genere, non esitare a cercare aiuto e supporto. È possibile costruire una vita sana, rispettosa, appagante e meriti di essere felice.

CAPITOLO 9: PSICOLOGIA DELL'INGANNO

L'inganno, una pratica tanto antica quanto l'umanità stessa, si manifesta attraverso molteplici tecniche e tattiche nelle nostre interazioni quotidiane. Queste strategie di inganno possono variare ampiamente a seconda del contesto, dall'ambito affettivo a quello professionale, fino a influenzare l'opinione pubblica tramite le fake news. Comprendere queste tecniche non solo ci arma contro la manipolazione ma ci aiuta anche a navigare con maggiore consapevolezza nel nostro tessuto sociale.

Nel contesto affettivo, l'inganno si manifesta spesso tramite la falsificazione delle proprie emozioni o intenzioni. Un esempio comune è la finzione di interesse o affetto per ottenere favori o attenzioni. Questa forma di inganno può portare a relazioni basate su premesse false, dove uno dei partner manipola l'altro per soddisfare bisogni egoistici senza un reale coinvolgimento emotivo.

Nell'ambiente professionale, le tecniche di inganno possono variare dalla semplice esagerazione delle proprie competenze in un curriculum, fino a strategie complesse di manipolazione per ottenere promozioni o danneggiare colleghi. Ad esempio, un individuo potrebbe attribuirsi il merito del lavoro altrui o diffondere deliberatamente informazioni false per sminuire i colleghi agli occhi dei superiori

Riconoscere l'inganno nei vari ambiti della vita quotidiana richiede un'acutezza osservativa non solo delle parole, ma anche del linguaggio non verbale e delle incongruenze comportamentali. La psicologia e la comunicazione non verbale offrono strumenti preziosi per identificare i segnali che possono indicare un tentativo di inganno. Questa competenza è fondamentale, dato che l'inganno può avere implicazioni significative nelle relazioni personali, professionali e sociali.

Uno dei primi segnali di inganno è l'incongruenza nel discorso. Questo può manifestarsi come discrepanze tra ciò che una persona dice in momenti diversi o contraddizioni tra le parole e le azioni. Ad esempio, un individuo che afferma di valorizzare la trasparenza ma evita costantemente risposte dirette o cambia soggetto quando viene pressato per dettagli, potrebbe nascondere qualcosa. Ascoltare attentamente e notare discrepanze o cambiamenti nel racconto può essere un chiaro indicatore di inganno.

Le fake news, uno degli strumenti più potenti di inganno moderno, sfruttano la rapidità e la vastità di diffusione che i social media offrono. Creando storie completamente false o distorcendo fatti reali, gli autori di fake news mirano a manipolare l'opinione pubblica, influenzare le elezioni, incitare l'odio o semplicemente generare clic. La pericolosità di queste tecniche risiede nella loro capacità di plasmare percezioni collettive, spesso con conseguenze reali sul piano sociale e politico.

Riconoscere queste tecniche di inganno richiede una consapevolezza critica e un'attenta osservazione. Nel contesto affettivo, è fondamentale prestare attenzione alla coerenza tra parole ed azioni. Nell'ambiente lavorativo, è utile verificare le informazioni e considerare le fonti prima di trarre conclusioni. Per contrastare le fake news, diventa essenziale l'approccio critico verso le notizie consumate, verificando le fonti e cercando conferme attraverso canali affidabili.

Comprendere e riconoscere le tecniche di inganno comuni nelle nostre interazioni quotidiane è il primo passo verso la costruzione di relazioni più autentiche e società più informate. Mentre l'inganno sarà sempre una parte del tessuto umano, la nostra capacità di identificarlo e contrastarlo può ridurne significativamente l'impatto sulla nostra vita.

Il linguaggio del corpo offre ulteriori indizi. Segnali come evitare il contatto visivo, toccarsi il viso, il collo o la bocca, e il linguaggio del corpo chiuso (come braccia incrociate o posizioni che creano una barriera fisica) possono suggerire che una persona non è completamente sincera. Tuttavia, è importante ricordare che il linguaggio del corpo può variare significativamente tra individui e culture; pertanto, è cruciale considerare il contesto e la linea di base comportamentale della persona.

L'uso di tattiche di deviazione è un altro metodo comune per distogliere l'attenzione dalla verità. Questo può avvenire cambiando argomento, rispondendo a una domanda con un'altra domanda, o diluendo la conversazione con informazioni non pertinenti. L'obiettivo è di confondere l'interlocutore o di deviarne l'attenzione da ciò che è veramente importante.

Riconoscere l'inganno richiede una combinazione di ascolto attivo, osservazione del comportamento non verbale e valutazione della coerenza delle informazioni fornite. È utile sviluppare una sensibilità alle proprie reazioni intuitive; spesso, una sensazione di "qualcosa non va" può essere il primo indicatore che qualcuno sta tentando di ingannare. Inoltre, sviluppare una comprensione delle dinamiche relazionali e comunicative può aiutare a identificare quando si sta potenzialmente cadendo vittima di un inganno.

Infine, mentre queste strategie possono migliorare la capacità di riconoscere l'inganno, è importante approcciarsi con un atteggiamento di apertura e non presumere inganno senza prove concrete. L'obiettivo è proteggersi da possibili manipolazioni mantenendo al tempo stesso relazioni sane e basate sulla fiducia.

L'inganno, inteso come la distorsione deliberata della verità a scopo di manipolazione, ha profonde implicazioni psicologiche sia per chi lo perpetra sia per la vittima. Al cuore dell'esperienza della vittima giace una profonda ferita emotiva, spesso accompagnata da una cascata di effetti psicologici che possono alterare significativamente la percezione di sé e le relazioni interpersonali.

Uno degli impatti psicologici più immediati dell'inganno è la perdita di fiducia. Quando si scopre di essere stati ingannati, la fiducia precedentemente accordata all'ingannatore si erode rapidamente, lasciando dietro di sé dubbi e incertezze che si estendono oltre l'individuo direttamente coinvolto. Questa perdita di fiducia può diffondersi come un inchiostro nell'acqua, contaminando la fiducia nelle proprie capacità di giudizio e nelle intenzioni altrui. La fiducia, una volta perduta, è difficile da ricostruire e può influenzare negativamente le relazioni future, portando a una maggiore cautela, diffidenza e a volte isolamento sociale.

A livello psicologico, l'esposizione prolungata all'inganno può innescare o aggravare lo stress e l'ansia. Le vittime possono trovarsi in uno stato di costante allerta, cercando segnali di ulteriori inganni, il che può portare a una tensione emotiva continua. Questo stato di ipervigilanza può esaurire le risorse mentali ed emotive, aumentando il rischio di sviluppare disturbi correlati allo stress come l'ansia generalizzata o la depressione.

L'inganno ha anche il potenziale di infliggere danni significativi alla salute mentale, specialmente quando è parte di un modello di abuso o manipolazione a lungo termine. Le vittime possono sperimentare sentimenti di inadeguatezza, bassa autostima e disperazione, soprattutto se l'inganno ha avuto un impatto diretto sulla loro percezione di sé e sul loro valore personale. In casi estremi, questo può portare a crisi identitarie, in cui le vittime si interrogano sulla propria capacità di percepire la realtà correttamente.

L'inganno altera anche la dinamica delle relazioni interpersonali. La consapevolezza di essere stati ingannati può indurre le vittime a rivedere e valutare criticamente non solo la relazione con l'ingannatore ma anche il loro ruolo e comportamento in altre relazioni. Questa riflessione può portare a un senso di isolamento, poiché le vittime si ritirano emotivamente per proteggersi da ulteriori danni, oppure può stimolare un processo di crescita personale e una maggiore resilienza psicologica.

In conclusione, l'inganno ha il potere di trasformare profondamente la psiche umana e le relazioni interpersonali. La comprensione e il riconoscimento di questi effetti sono passi cruciali nel processo di guarigione per le vittime e sottolineano l'importanza di promuovere relazioni basate sull'onestà, il rispetto e la fiducia reciproca.

Contrastare e prevenire l'inganno richiede una combinazione di consapevolezza critica, competenze comunicative efficaci e strategie di autodifesa psicologica. Nell'era dell'informazione in cui viviamo, l'inganno può presentarsi sotto molteplici forme, dalle interazioni personali alle notizie online.

L'educazione critica è il primo passo per costruire difese contro l'inganno. Questo significa imparare a valutare le informazioni in modo critico, verificare le fonti e riconoscere i bias cognitivi che possono influenzare il nostro giudizio. Esaminare le informazioni da più prospettive e cercare evidenze prima di formarsi un'opinione contribuisce a creare uno scudo contro le manipolazioni.

Comunicare in modo chiaro e assertivo può aiutare a dissipare i tentativi di inganno. Quando si sospetta l'inganno, porre domande specifiche e richiedere dettagli può mettere in difficoltà l'ingannatore e rivelare le incongruenze nel suo racconto. L'assertività, ovvero la capacità di esprimere i propri pensieri e sentimenti in modo diretto ma rispettoso, è fondamentale per affrontare e chiarire situazioni potenzialmente ingannevoli.

Rafforzare la propria autostima e fiducia in sé è cruciale per resistere agli effetti dell'inganno. Una forte identità personale e la consapevolezza dei propri valori rendono meno vulnerabili alla manipolazione e all'influenza esterna. Praticare l'autoriflessione e coltivare relazioni autentiche e di supporto può fornire una base solida da cui affrontare eventuali tentativi di inganno.

Essere consapevoli del contesto in cui ci si trova e delle dinamiche interpersonali può offrire importanti indizi sull'affidabilità delle informazioni e delle intenzioni altrui. Osservare il linguaggio del corpo, il tono della voce e altri segnali non verbali può aiutare a identificare incongruenze o tentativi di manipolazione.

Mentre è importante mantenere un atteggiamento aperto verso le persone e le nuove informazioni, è altrettanto cruciale esercitare un sano scetticismo. Questo equilibrio tra apertura e cautela consente di esplorare il mondo in modo ricettivo senza diventare preda facile dell'inganno.

In conclusione, l'abilità di riconoscere e contrastare l'inganno è una competenza preziosa in tutti gli ambiti della vita. Attraverso l'educazione critica, la comunicazione efficace, e la consapevolezza di sé e del contesto, è possibile costruire difese solide che proteggano dalla manipolazione, promuovendo al tempo stesso relazioni interpersonali più autentiche e rispettose.

CAPITOLO 10: GESTIONE DELLE EMOZIONI E INTELLIGENZA EMOTIVA

L'intelligenza emotiva è un concetto che è emerso negli ultimi decenni come una componente chiave del successo personale e professionale. Essa si riferisce alla capacità di comprendere, gestire ed esprimere le emozioni in modo efficace, sia per sé che per gli altri. Si differenzia dall'intelligenza cognitiva che si riferisce alla capacità di pensare in modo logico, risolvere problemi e ragionare in modo analitico ed è importante, perché ci aiuta a comprendere e gestire le nostre emozioni, a comunicare in modo efficace con gli altri e a costruire relazioni sane e positive. Può aiutare inoltre a ridurre lo stress e migliorare la salute mentale e fisica.

Ci sono diversi modelli teorici di intelligenza emotiva, ma il più famoso è quello proposto dal giornalista scientifico e psicologo Daniel Goleman nel 1995, secondo cui l'intelligenza emotiva è composta da cinque abilità principali:

- *Consapevolezza di sé*: la capacità di avere una comprensione accurata di sé stessi, delle proprie forze, dei propri limiti e dei propri valori. Include anche la capacità di riconoscere come le proprie emozioni influenzano il comportamento e le decisioni personali;

- *Consapevolezza emotiva o empatia*: la capacità di riconoscere e comprendere le proprie emozioni, così come quelle degli altri, sapendosi mettere al loro posto. Comprende la conoscenza dei segnali non verbali come l'espressione facciale e il linguaggio del corpo, che possono fornire informazioni preziose sullo stato emotivo di una persona;

- *Gestione emotiva*: la capacità di gestire le proprie emozioni in modo costruttivo ed efficace, regolando le reazioni emotive e adottando strategie per affrontare lo stress e le sfide. Questa componente include la capacità di calmarsi, di adattarsi alle situazioni e di mantenere un atteggiamento positivo nonostante le difficoltà;

- *Gestione delle relazioni*: la capacità di gestire le relazioni interpersonali in modo efficace, comprendendo le emozioni degli altri, stabilendo connessioni positive e affrontando conflitti in modo costruttivo, sapendo rispondere alle loro esigenze emotive. Si tratta di abilità sociali che garantiscono il saper lavorare in team;

- *Motivazione*: il motore che spinge ad agire per raggiungere i propri obiettivi. È l'energia interna che porta a perseguire ciò che si desidera, superare gli ostacoli e persistere nel perseguire il successo. La motivazione è alimentata da bisogni, desideri e obiettivi personali che permettono di dare e fare il massimo. È la capacità di mantenere l'impegno e la motivazione a lungo termine, diventando con positività artefici del proprio cambiamento.

L'intelligenza emotiva è una competenza che può essere sviluppata e potenziata attraverso l'autoriflessione, l'ascolto attivo, l'apprendimento dalle esperienze e l'addestramento specifico. Essa è fondamentale in molte aree della vita, come le relazioni personali, il lavoro di squadra, la leadership e la gestione dei conflitti.

Rispetto all'intelligenza cognitiva, che misura la capacità di risolvere problemi logici e di apprendere informazioni nuove, l'intelligenza emotiva si concentra sulle competenze socio-emotive e sull'interazione con gli altri. Mentre l'intelligenza cognitiva è importante per acquisire conoscenze e competenze tecniche, l'intelligenza emotiva è cruciale per costruire relazioni.

Migliorare l'intelligenza emotiva è un obiettivo importante per sviluppare una maggiore consapevolezza e gestione delle emozioni.

Ci sono diverse tecniche che possono aiutare a coltivare questa abilità preziosa, tra le più comuni vi sono la meditazione, il journaling e la pratica della gratitudine.

La *meditazione* è un metodo ampiamente riconosciuto per sviluppare la consapevolezza delle emozioni, di calmare la mente in modo efficace. Questa pratica consente di osservare le proprie emozioni senza giudizio, di sviluppare una maggiore comprensione dei propri modelli emotivi e di coltivare la calma interiore. Riduce lo stress e sviluppa una maggiore resilienza emotiva;

Il *journaling* o scrittura riflessiva o semplicemente diario, è un'altra tecnica utile per migliorare l'intelligenza emotiva. Si tratta di tenere un diario delle proprie emozioni, pensieri e esperienze che permette di esplorare i propri sentimenti in modo più approfondito. Scrivere liberamente senza giudicare o censurare i propri pensieri può favorire l'introspezione, la comprensione di sé e delle emozioni. Il journaling può essere un'opportunità per esplorare le radici dei propri sentimenti, individuare schemi ricorrenti e sviluppare strategie per viverle in modo sano ed equilibrato;

La *pratica della gratitudine* è un altro strumento potente per migliorare l'intelligenza emotiva. Essa consiste nell'esprimere riconoscenza per le cose positive nella propria vita. Aiuta a spostare l'attenzione dai problemi e dalle difficoltà verso gli aspetti positivi, creando uno stato emotivo più equilibrato. La consapevolezza e l'espressione della gratitudine possono aumentare la felicità, ridurre lo stress e migliorare la qualità delle relazioni. Può anche aiutare a sviluppare una prospettiva più ampia e adattabile di fronte alle sfide.

L'intelligenza emotiva offre una serie di benefici significativi che possono influire positivamente su diverse aree della vita. Discutiamo di alcuni dei principali vantaggi associati, tra cui una maggiore soddisfazione personale e resilienza, relazioni interpersonali più sane.

Uno dei principali benefici dell'intelligenza emotiva è appunto la *maggiore soddisfazione personale*. Quando siamo consapevoli delle nostre emozioni, siamo in grado di prendere decisioni più consapevoli. Questo ci permette di avere più autostima e una migliore comprensione di noi stessi. Siamo in grado di perseguire i nostri obiettivi, gestire lo stress e raggiungere un senso di realizzazione personale. L'intelligenza emotiva ci aiuta a vivere una vita più soddisfacente e gratificante.

Un altro beneficio importante riguarda le relazioni interpersonali. Essere consapevoli delle nostre emozioni e saperle usare ci permette di comunicare in modo più efficace e di comprendere meglio gli altri. Sviluppando l'empatia siamo in grado di metterci nei panni altrui e comprendere le prospettive e le emozioni degli altri. Questa capacità di connessione profonda contribuisce a creare relazioni più significative e appaganti.

Le persone con un'alta intelligenza emotiva sono in grado di risolvere i conflitti in modo costruttivo, di stabilire legami di fiducia e di costruire relazioni solide e durature.

La *resilienza* è un altro beneficio chiave dell'intelligenza emotiva. Essa si riferisce alla capacità di affrontare le sfide e le avversità della vita in modo efficace. Le persone con un'alta intelligenza emotiva sono in grado di adattarsi al cambiamento, di recuperare rapidamente dalle difficoltà e di trovare soluzioni creative ai problemi. Sono in grado di gestire lo stress in modo sano ed equilibrato, mantenendo una prospettiva positiva e una mente aperta. La resilienza è fondamentale per affrontare le sfide della vita e per rimanere motivati e impegnati nonostante le difficoltà.

Un'altra componente importante dell'intelligenza emotiva è l'*empatia*. Essa ci permette di comprendere e condividere le emozioni degli altri, mettendoci nei loro panni. Questa capacità ci aiuta a riconoscere quando qualcuno sta cercando di manipolarci, perché riusciamo a cogliere le sottili sfumature delle emozioni e motivazioni del manipolatore e fare scelte informate sulla nostra risposta. Inoltre, l'empatia ci permette di creare connessioni autentiche con gli altri, riducendo il rischio di cadere vittima della manipolazione.

L'empatia può essere coltivata attraverso la pratica. Possiamo metterci nei panni degli altri, cercando di comprendere le loro prospettive e le loro emozioni. L'ascolto attivo e la capacità di mettere da parte i pregiudizi ci aiutano a stabilire una connessione autentica con gli altri, rafforzando così la nostra capacità di rilevare la manipolazione.

Infine, la comunicazione assertiva è fondamentale per prevenire la manipolazione. Dobbiamo essere in grado di esprimere i nostri pensieri e i nostri bisogni in modo chiaro e rispettoso. Quando siamo in grado di comunicare in modo assertivo, diventiamo più difficili da manipolare, in quanto sappiamo difendere i nostri confini e mantenere la nostra autenticità.

CAPITOLO 11: INFLUENZA DEI SOCIAL MEDIA SULLA MANIPOLAZIONE E LA PERCEZIONE DI SÉ

I social media hanno rivoluzionato il modo in cui interagiamo, condividiamo informazioni e percepiamo il mondo. Tuttavia, hanno anche introdotto nuove dinamiche che possono favorire la manipolazione. Queste piattaforme creano ambienti unici dove l'anonimato e la presentazione selettiva del sé interagiscono, creando il terreno fertile per la manipolazione di opinioni, comportamenti e percezioni.

L'anonimato sui social media offre agli utenti la libertà di esprimersi senza il timore di ripercussioni immediate. Sebbene ciò possa incoraggiare la libera espressione, crea anche un ambiente in cui è facile diffondere disinformazione o condurre campagne di manipolazione senza doverne rendere conto. Senza un'identità chiaramente collegata alle loro azioni, gli utenti possono sentirsi liberi di partecipare a comportamenti nocivi o ingannevoli.

I social media tendono a circondarci di opinioni che riflettono le nostre, grazie agli algoritmi che personalizzano i contenuti in base alle nostre interazioni precedenti. Questa personalizzazione, sebbene possa migliorare l'esperienza utente, crea anche eco-camere, dove le informazioni contrarie o divergenti sono filtrate fuori. Queste bolle informazionali rafforzano le convinzioni esistenti e possono esagerare la percezione della popolarità o dell'accettazione di certe idee, rendendo gli utenti più suscettibili alla manipolazione attraverso la conferma dei loro pregiudizi.

Sui social media, gli utenti hanno il potere di curare e controllare come vogliono essere percepiti dagli altri. Questa presentazione selettiva del sé può distorcere la realtà, mostrando solo gli aspetti positivi o desiderabili della vita di una persona e omettendo i lati negativi o meno attraenti. Tale distorsione può avere effetti profondi sulla percezione di sé e degli altri, creando aspettative irrealistiche e pressioni per conformarsi a ideali inarrivabili. Questo ambiente può essere facilmente sfruttato per manipolare l'auto percezione degli utenti o per vendere prodotti e ideologie basandosi su desideri e insicurezze.

L'interazione tra queste dinamiche sui social media può creare un ambiente in cui è relativamente facile influenzare e manipolare gli utenti. Le persone possono essere indotte a credere in false narrative o a adottare comportamenti influenzati da una presentazione distorta della realtà. Riconoscere queste dinamiche è il primo passo per sviluppare strategie di resilienza contro la manipolazione online. Gli utenti devono essere critici nei confronti delle informazioni che ricevono, consapevoli delle bolle informazionali in cui possono trovarsi, e riflessivi riguardo all'immagine che presentano e percepiscono online. Promuovere l'alfabetizzazione mediatica e la consapevolezza critica può aiutare gli individui a navigare più sicuramente nell'ambiente complesso dei social media.

Purtroppo, la manipolazione tramite social media è diventata una realtà ineludibile nell'era digitale, con numerosi esempi che evidenziano come queste piattaforme possano influenzare l'opinione pubblica, l'autopercezione degli utenti e le decisioni di consumo e politiche. Questi studi di caso illustrano la portata e la sofisticatezza delle strategie di manipolazione implementate nei social network.

Uno degli esempi più noti di manipolazione tramite social media è rappresentato dall'interferenza nelle elezioni presidenziali degli Stati Uniti del 2016. Entità associate a governi stranieri utilizzarono i social media per diffondere disinformazione e messaggi divisivi, mirando a focalizzare l'opinione pubblica e influenzare il risultato delle elezioni. Creando e promuovendo contenuti che amplificavano temi sensibili come razza, religione e ideologia politica, questi attori riuscirono a seminare discordia e a manipolare il discorso pubblico, dimostrando l'impatto che la manipolazione dei social media può avere sulla democrazia.

Un altro studio di caso significativo riguarda l'impatto dei social media sull'autopercezione, in particolare attraverso la promozione di standard irrealistici di bellezza. Piattaforme come Instagram e TikTok sono state criticate per la diffusione di immagini altamente curate e filtrate che presentano una versione idealizzata della realtà. Questa costante esposizione a immagini "perfette" può portare a problemi di autostima e all'insoddisfazione corporea tra gli utenti, specialmente tra i giovani. La pressione per conformarsi a questi ideali può anche stimolare comportamenti nocivi, come disturbi alimentari e l'uso eccessivo di procedure cosmetiche.

L'uso dei dati degli utenti per creare pubblicità altamente mirate rappresenta un altro esempio di come i social media possano essere utilizzati per manipolare le decisioni di consumo. Attraverso l'analisi del comportamento online, le aziende possono inviare messaggi pubblicitari personalizzati che risuonano con le inclinazioni individuali e i desideri degli utenti, aumentando significativamente la probabilità di acquisto. Sebbene ciò possa sembrare un efficiente targeting pubblicitario, solleva preoccupazioni etiche riguardo alla manipolazione sottile dei desideri e delle scelte dei consumatori, spesso senza una piena consapevolezza da parte degli stessi utenti.

Questi studi di caso evidenziano la complessa natura della manipolazione tramite social media, sottolineando la necessità di una maggiore consapevolezza e alfabetizzazione digitale tra gli utenti per navigare criticamente in queste acque spesso turbolente. La comprensione di queste dinamiche è cruciale per promuovere un uso dei social media che sia informato, etico e consapevole delle sue potenziali conseguenze.

Nell'era digitale, la resilienza digitale diventa una competenza fondamentale per navigare efficacemente l'ambiente online, proteggendosi dalla sovraccarico informativo, dalla disinformazione e dalla manipolazione. Sviluppare resilienza digitale significa costruire la capacità di affrontare le sfide e gli stress legati al mondo digitale, mantenendo un benessere psicologico. Ecco alcune strategie chiave per rafforzare la tua resilienza digitale.

1. Riconoscere e resistere alla manipolazione online: essere consapevoli delle tattiche comunemente utilizzate per influenzare e manipolare può aiutarti a riconoscerle quando le incontri. Questo include tattiche come l'uso di contenuti emotivamente carichi per generare reazioni impulsive, la presentazione selettiva di fatti per sostenere una narrazione specifica, e il bombardamento di messaggi ripetitivi per rinforzare un'idea. Sviluppare un pensiero critico e interrogarsi sulle intenzioni dietro i messaggi ricevuti è fondamentale.

2. Importanza della verifica delle fonti: in un'epoca di fake news e informazioni fuorvianti, diventa cruciale verificare le fonti delle informazioni che consumiamo. Ciò significa controllare la credibilità dell'editore, confrontare le notizie con quelle riportate da fonti affidabili e indipendenti e, se possibile, ricercare la fonte originale delle informazioni. L'alfabetizzazione mediatica, ovvero la capacità di analizzare e valutare criticamente i media e i loro contenuti, è un'abilità essenziale.

3. Adozione di una dieta mediatica equilibrata**: proprio come una dieta alimentare bilanciata contribuisce alla salute fisica, una dieta mediatica equilibrata è fondamentale per la salute

mentale. Ciò significa limitare l'esposizione a notizie e contenuti che generano ansia o stress, diversificare le fonti di informazione per evitare le eco-camere, e dedicare tempo a contenuti che arricchiscono e migliorano il benessere personale. È importante anche stabilire limiti sull'uso dei dispositivi digitali per prevenire l'affaticamento da schermo e migliorare la qualità del sonno.

4. Coltivare una comunità di supporto online: le relazioni sociali giocano un ruolo chiave nella resilienza digitale. Avere una rete di supporto online, che si tratti di amici, familiari o gruppi di interesse, può fornire un senso di appartenenza e supporto reciproco. Queste comunità possono offrire spazi sicuri per condividere esperienze, ottenere consigli e contrastare le narrative tossiche o manipolative.

5. Educazione continua e sviluppo delle competenze digitali: infine, l'educazione continua e lo sviluppo delle competenze digitali sono essenziali per mantenere la resilienza in un mondo che cambia rapidamente. Ciò include l'apprendimento su privacy e sicurezza online, la comprensione dei diritti digitali e l'esplorazione di nuovi strumenti e piattaforme in modo critico e informato.

Sviluppare resilienza digitale è un processo continuo che richiede consapevolezza, educazione e impegno attivo.

Implementando queste strategie, gli individui possono navigare nel mondo digitale con maggiore sicurezza, mantenendo la propria salute mentale e benessere in un'era sempre più connessa.

Come ultimo aspetto da analizzare nell'epoca dei social media, dove la linea tra vita online e offline diventa sempre più sfumata, è quella di promuovere un'identità digitale autentica per il benessere personale e la costruzione di relazioni significative. Un'identità digitale autentica riflette la tua vera persona, i tuoi valori e le tue convinzioni, anziché una versione idealizzata o alterata per adattarsi alle aspettative altrui.

Essere se stessi può sembrare ovvio, ma in un mondo dove si è costantemente bombardati da immagini di vita perfette, può essere difficile non cadere nella trappola di presentare una versione idealizzata di sé. Ricorda che l'autenticità attrae, e le persone apprezzano l'onestà e la vulnerabilità. Condividere i tuoi interessi reali, passioni, successi e anche fallimenti, può aiutare a costruire connessioni più profonde e significative.

Prima di postare qualcosa, chiediti se riflette veramente chi sei o se stai cercando di adattarti a un'immagine o a un trend. È importante anche considerare l'impatto che le tue parole e immagini possono avere sugli altri. La riflessione aiuta a mantenere una coerenza tra il tuo sé online e offline.

Mentre essere aperti e onesti è importante, è altrettanto cruciale stabilire confini su ciò che sei disposto a condividere. Questo non solo protegge la tua privacy, ma aiuta anche a mantenere una distanza critica dai contenuti che consumi e condividi. I confini ti permettono di controllare la tua narrazione e di decidere attivamente quali aspetti della tua vita rendere pubblici.

Nell'era dell'attenzione digitale, può essere tentante cercare di massimizzare i "mi piace" e i follower con contenuti frequenti o popolari. Tuttavia, la qualità dei contenuti che condividi è più importante della quantità. Postare contenuti significativi e ben pensati che rispecchiano i tuoi veri interessi e valori è più probabile che attiri un pubblico che apprezza l'autenticità.

Usa i social media non solo come una piattaforma per presentare te stesso, ma anche come uno strumento per esplorare nuovi interessi, idee e culture. Questo può arricchire la tua identità digitale e offrire nuove prospettive. Tuttavia, è fondamentale mantenere uno spirito critico, valutando le fonti e riflettendo su come le informazioni che consumi influenzano la tua visione del mondo e il tuo senso di sé.

Infine, la qualità delle interazioni online è tanto importante quanto la qualità dei contenuti condivisi. Rispondere in modo genuino ai commenti, partecipare a discussioni significative e supportare gli altri online contribuisce a costruire un ambiente digitale più autentico e supportivo.

Promuovere un'identità digitale autentica non solo migliora il tuo benessere online, ma può anche influenzare positivamente la tua vita offline, portando a relazioni più autentiche e a una maggiore soddisfazione personale. In un mondo digitale in continua evoluzione, rimanere fedeli a sé stessi è la chiave per navigare con successo la complessità dei social media.

CAPITOLO 12: ETICA E RESPONSABILITA' NELLA PSICOLOGIA NERA

La psicologia nera, con il suo focus sulle tecniche di influenzamento e manipolazione mentale, solleva questioni etiche significative. Utilizzare questa conoscenza richiede un'attenta considerazione delle implicazioni morali, dato il potenziale impatto sul benessere e sulla libertà degli individui. Di seguito, sono delineate alcune linee guida etiche fondamentali per orientare l'uso responsabile e rispettoso delle tecniche di psicologia nera.

Rispetto dell'autonomia individuale: la prima e più importante linea guida è il rispetto dell'autonomia e della libertà di scelta delle persone. Questo implica evitare di usare le tecniche di manipolazione per costringere qualcuno a fare qualcosa contro la propria volontà o senza il suo consenso informato. Gli individui hanno il diritto di prendere decisioni basate sulle proprie convinzioni e preferenze, non su quelle imposte da altri

Trasparenza e consenso: ove possibile, è importante mantenere un livello di trasparenza riguardo all'uso delle tecniche di psicologia nera. In contesti terapeutici, educativi o di coaching, ad esempio, è essenziale ottenere il consenso informato degli individui, spiegando gli obiettivi e i metodi utilizzati. Questo approccio favorisce la fiducia e il rispetto reciproci tra le parti coinvolte.

Non maleficenza: un principio cardine dell'etica è "primum non nocere", ovvero "prima di tutto, non fare male". Quando si applicano le tecniche di psicologia nera, è fondamentale valutare attentamente le potenziali conseguenze delle proprie azioni sugli altri, cercando di evitare qualsiasi danno psicologico, emotivo o fisico. Questo include evitare di sfruttare le vulnerabilità altrui per scopi egoistici.

Beneficenza: oltre a non fare male, l'obiettivo dovrebbe essere quello di promuovere il bene degli altri. Ciò significa utilizzare le conoscenze di psicologia nera in modo che possano avere esiti positivi, come aiutare gli individui a superare le proprie insicurezze, migliorare le relazioni interpersonali o promuovere comportamenti benefici per la comunità.

Giustizia ed equità: è importante garantire che l'uso delle tecniche di psicologia nera sia equo e non discriminatorio, evitando di sfruttare ingiustamente determinati gruppi di persone o di perpetuare disuguaglianze esistenti. Ciò richiede una riflessione critica sulle proprie azioni e sui loro impatti sociali.

Responsabilità e riflessione etica: coloro che utilizzano la psicologia nera devono assumersi la responsabilità delle proprie azioni, riflettendo continuamente sulle implicazioni etiche del loro lavoro. Ciò include essere aperti al feedback e disposti a correggere il corso se le proprie azioni causano danni non intenzionali.

Adottare queste linee guida etiche non solo salvaguarda il benessere di tutti gli individui coinvolti ma contribuisce anche a costruire una società più giusta e compassionevole. Utilizzare la psicologia nera con responsabilità significa riconoscere il potere che queste tecniche possono avere e impegnarsi a esercitare tale potere con integrità e rispetto per la dignità umana.

La detenzione di conoscenze avanzate di psicologia nera implica una significativa responsabilità personale e sociale, soprattutto quando tali conoscenze vengono applicate in contesti influenti come la politica, la pubblicità e i media. Questi ambiti hanno il potenziale di influenzare vasti segmenti della popolazione, modellando opinioni, comportamenti e decisioni su larga scala. Pertanto, l'utilizzo etico di tali conoscenze diventa imperativo, richiedendo una riflessione approfondita sulle proprie azioni e sul loro impatto sulla società.

Coloro che possiedono conoscenze di psicologia nera devono esercitare un alto grado di autocontrollo e integrità. La responsabilità personale implica riconoscere il potenziale di queste tecniche di influenzare gli altri in modi che possono essere sia positivi che negativi. Gli individui devono quindi valutare costantemente le proprie motivazioni e le possibili conseguenze delle loro azioni, assicurandosi che queste ultime siano allineate con principi etici solidi. L'autoregolazione diventa cruciale per prevenire abusi di potere e per garantire che l'influenza esercitata promuova il benessere collettivo piuttosto che interessi personali o di parte.

La responsabilità sociale va oltre l'autocontrollo, estendendosi all'impatto che le conoscenze di psicologia nera possono avere sulla collettività. In contesti come la politica, la pubblicità e i media, l'uso di tecniche manipolative può avere effetti di vasta portata, influenzando non solo le decisioni individuali ma anche la coesione sociale e la fiducia nelle istituzioni. È fondamentale, quindi, che chi possiede queste conoscenze consideri le implicazioni etiche del loro uso, promuovendo trasparenza, verità e giustizia. Inoltre, dovrebbe esserci un impegno attivo nel contribuire positivamente al discorso pubblico, contrastando la disinformazione e favorendo una maggiore comprensione critica tra la popolazione.

Quando la psicologia nera viene applicata in ambiti di vasta influenza, il potenziale per manipolare l'opinione pubblica o il comportamento del consumatore può sollevare preoccupazioni significative riguardo alla libertà individuale e alla democrazia. La politica, la pubblicità e i media hanno la capacità unica di plasmare il tessuto sociale, pertanto l'uso responsabile di queste tecniche diventa una questione di integrità civica. Coloro che operano in questi settori devono quindi adottare un approccio guidato da principi etici, assicurando che la loro influenza serva a rafforzare la società piuttosto che a dividerla o manipolarla.

In conclusione, la detenzione di conoscenze avanzate di psicologia nera comporta una profonda responsabilità personale e sociale. Coloro che detengono tali conoscenze devono impegnarsi a utilizzarle con saggezza, etica e rispetto per il benessere degli altri, contribuendo positivamente alla società e mantenendo l'integrità nei contesti in cui esercitano la loro influenza. Questo richiede un impegno costante alla riflessione etica, all'educazione del pubblico e alla promozione di pratiche che sostengano i valori democratici e il rispetto per la dignità umana.

La psicologia nera, spesso associata a tecniche di manipolazione e influenza, detiene il potenziale per applicazioni positive se utilizzata con responsabilità e consapevolezza etica. Incoraggiare un dialogo sull'uso costruttivo di queste conoscenze può contribuire a sfatare miti negativi e promuovere un approccio più equilibrato e benefico. Ecco alcune modalità attraverso le quali le tecniche di psicologia nera possono essere impiegate positivamente.

La comprensione delle tecniche di influenzamento può migliorare significativamente la comunicazione interpersonale. La conoscenza di come le parole, il tono della voce e il linguaggio del corpo influenzino la percezione può aiutare le persone a comunicare più efficacemente, adattando il loro stile comunicativo alle esigenze e alle sensibilità altrui. Questo non solo favorisce relazioni più armoniose ma consente anche di esprimere i propri pensieri e sentimenti in modo più chiaro e persuasivo.

In contesti terapeutici, le tecniche di psicologia nera possono essere utilizzate per aiutare gli individui a superare fobie, ansie e altri blocchi psicologici. Per esempio, la comprensione dei meccanismi di difesa e delle resistenze può guidare strategie terapeutiche che aiutano i pazienti ad affrontare e superare le proprie paure in modo più efficace. Inoltre, tecniche come la programmazione neurolinguistica (PNL) possono essere impiegate per aiutare le persone a ristrutturare pensieri e comportamenti limitanti, promuovendo cambiamenti positivi nella vita degli individui.

Un aspetto fondamentale dell'uso positivo della psicologia nera è l'educazione delle persone su come riconoscere e resistere alle tecniche di manipolazione. Questo include la comprensione di come i media, la pubblicità e anche le relazioni personali possano talvolta impiegare tattiche sottili per influenzare pensieri e comportamenti. Fornire alle persone gli strumenti per identificare questi tentativi di manipolazione rafforza la loro resilienza e autonomia, consentendo loro di prendere decisioni più consapevoli e di mantenere un maggiore controllo sulla propria vita.

Infine, le tecniche di psicologia nera possono essere utilizzate per promuovere l'empatia e la comprensione tra individui. La capacità di vedere le situazioni dal punto di vista altrui e di comprendere i meccanismi sottostanti ai comportamenti può aiutare a risolvere i conflitti e a costruire relazioni più profonde e significative.

In conclusione, le conoscenze di psicologia nera possono essere impiegate in modo costruttivo per arricchire la vita personale e professionale degli individui. Incoraggiare un dialogo aperto sull'uso responsabile di queste tecniche può aiutare a sfruttare il loro potenziale positivo, promuovendo il benessere, la crescita personale e una maggiore comprensione interpersonale.

CONCLUSIONE

In questo libro abbiamo esplorato insieme il tema della psicologia nera e delle dinamiche relazionali che la caratterizzano. Attraverso una serie di capitoli ho approfondito diversi aspetti legati alla manipolazione mentale, analizzando le sue tecniche, gli effetti negativi sulla vittima e sulla relazione interpersonale, nonché le strategie di prevenzione e gestione.

È veramente necessario a questo punto riflettere sull'importanza della consapevolezza e della responsabilità nelle tue interazioni con gli altri.

Ogni giorno entriamo in contatto con numerose persone e le nostre azioni, le parole che pronunciamo e le scelte che facciamo hanno un impatto significativo sulle relazioni che abbiamo.

La consapevolezza è la chiave per comprendere le conseguenze delle nostre azioni e parole. Spesso agiamo in modo automatico senza pensarci troppo, senza considerare le possibili ripercussioni sulle persone che ci circondano.

Avere cognizione significa prendersi il tempo necessario per riflettere sulle conseguenze delle proprie azioni, considerando gli effetti che possono avere sul benessere e sulla felicità degli altri. Significa essere presenti nel momento presente e ascoltare attentamente ciò che viene detto, cercando di capire il punto di vista dell'altro.

La responsabilità, d'altra parte, implica il riconoscimento del nostro potere di influenzare le relazioni e l'impegno nel prendersi cura di esse. Ognuno di noi ha la responsabilità di nutrire relazioni sane e rispettose, basate sulla fiducia e sulla reciproca considerazione. Significa assumersi la responsabilità delle proprie azioni e delle conseguenze che possono derivarne, senza cercare scuse o colpevolizzare sé stessi o gli altri. La saggezza ci spinge a conoscere le nostre intenzioni e a perseguire il bene comune.

Nel nostro cammino verso una migliore visione di noi stessi è fondamentale anche sviluppare l'empatia che ci permette di metterci nei panni degli altri, di comprendere le loro emozioni e di considerare il loro punto di vista. Essa ci aiuta a stabilire connessioni autentiche e a coltivare un ambiente di comprensione reciproca.

Essere consapevoli dell'energia che portiamo nelle nostre giornate deve essere da noi interpretato sempre nel migliore dei modi e cioè non manipolare né essere manipolati, bensì fare tesoro di tutto ciò che abbiamo per vivere in serenità, rispetto verso noi stessi e verso tutti gli altri.

È importante sottolineare le gravi conseguenze negative che possono derivare dall'uso irresponsabile della psicologia nera, sia per le vittime che per i carnefici coinvolti. La psicologia nera, o manipolazione psicologica è un insidioso strumento che mira a influenzare e controllare gli altri attraverso tattiche manipolatorie e sfruttando le vulnerabilità individuali. Infatti, il suo utilizzo può causare danni psicologici significativi e avere un impatto duraturo sulle persone coinvolte.

Ma non sono solo le vittime a subire conseguenze negative. Anche coloro che applicano la psicologia nera pagano un prezzo alto, difatti l'uso irresponsabile indica la presenza di profonde insicurezze e disturbi psicologici nell'aggressore. La necessità di controllare e manipolare gli altri può essere una manifestazione di un senso di impotenza o di un desiderio di autoaffermazione distorta. Queste persone possono rimanere intrappolate in un ciclo tossico in cui perpetuano comportamenti manipolatori, danneggiando le relazioni e la loro stessa salute mentale.

Oltre a tutto ciò, l'uso irresponsabile della psicologia nera può avere ripercussioni sociali. La manipolazione e la coercizione delle persone creano tensioni e conflitti nelle relazioni interpersonali, causando divisioni e distruzione all'interno di gruppi e comunità. In ultima analisi tale uso forsennato mina la fiducia e l'empatia nelle relazioni umane, contribuendo a una società caratterizzata da sospetto e alienazione reciproca.

È fondamentale promuovere la consapevolezza su queste conseguenze negative e incoraggiare una maggiore responsabilità nell'uso dei principi psicologici. Educare le persone sui segni della manipolazione e sulla prevenzione può aiutare a ridurre l'impatto della psicologia nera nella società.

È importante fornire supporto e risorse alle vittime, così come trattare i disturbi psicologici degli aggressori, favorendo il benessere mentale di tutti i soggetti coinvolti.

La società stessa, a partire dalla scuola dell'infanzia fino alla formazione professionale e universitaria, dai circoli di aggregazione culturale e sportiva alle strutture aziendali, dagli oratori parrocchiali agli ambiti politici, dovrebbe promuovere l'empatia, la comunicazione aperta e il rispetto reciproco per costruire relazioni sane e contribuire dunque ad una società di ritorno basata sull'integrità e la fiducia.

Maurizio Giordano

Psicologia Nera
5 Bonus per te
LISTA DI AUTOVALUTAZIONE
TECNICHE DI PROGRAMMAZIONE NEUROLINGUISTICA
TECNICHE DI AUTODIFESA PSICOLOGICA ED ESERCIZI PRATICI
CONTROMANIPOLAZIONE E DIFESA
TECNICHE DI AUTOIPNOSI E MEDITAZIONE ED ESERCIZI PRATICI

BONUS 1: LISTA DI AUTOVALUTAZIONE

Checklist di riconoscimento delle proprie vulnerabilità

La capacità di riconoscere le proprie vulnerabilità alla manipolazione e alla persuasione è fondamentale per costruire difese psicologiche solide e mantenere l'autonomia nelle decisioni e nelle relazioni. Una checklist di autovalutazione può servire come strumento introspettivo per identificare aree di potenziale vulnerabilità. Ecco alcune domande chiave che potresti porti per esplorare le proprie inclinazioni e esperienze passate, riflettendo sull'autostima, sulla reazione alla pressione e sugli episodi di manipolazione vissuti.

1. Quanto facilmente mi lascio influenzare dalle opinioni altrui?

Rifletti sulla frequenza con cui le tue decisioni o opinioni sono modellate da quelle degli altri, soprattutto in situazioni di gruppo o sotto la pressione di figure di autorità.

2. Come reagisco quando mi trovo sotto pressione?

Considera le tue reazioni tipiche in situazioni di stress o confronto. Cedere facilmente o sentirti sopraffatto può indicare una vulnerabilità alla manipolazione.

3. Sono in grado di dire "no" quando qualcosa non va bene per me?

La difficoltà nel rifiutare richieste o proposte, anche quando contrarie ai propri interessi o valori, è un segnale importante da riconoscere.

4. Quanto valore attribuisco all'approvazione altrui?

Valuta se il tuo senso di autostima dipende significativamente dal giudizio o dall'approvazione di altre persone. Una forte dipendenza può renderti più suscettibile alla manipolazione.

5. Sono stato vittima di manipolazione in passato? Come mi sono sentito?

Ricordare esperienze passate di manipolazione e le proprie reazioni emotive può offrire spunti su come sei stato vulnerabile e su come potresti proteggerti in futuro.

6. Riconosco facilmente i miei bisogni e desideri?

La chiarezza sui propri bisogni e desideri è essenziale per difendersi da tentativi di manipolazione che sfruttano incertezze o bisogni insoddisfatti.

7. Quanto sono aperto a nuove informazioni o prospettive?

Un equilibrio tra apertura mentale e critica è cruciale. Un'eccessiva apertura senza discernimento può aumentare la vulnerabilità alla disinformazione e alla persuasione ingannevole.

8. Come valuto le fonti di informazione?

Esamina la tua capacità di valutare criticamente l'affidabilità e l'obiettività delle informazioni ricevute, un aspetto chiave per resistere alla manipolazione attraverso la disinformazione.

Questa checklist non è solo uno strumento per l'auto-riflessione ma anche un passo verso il rafforzamento della propria resilienza psicologica. Riconoscere e comprendere le proprie vulnerabilità è il primo passo per sviluppare strategie di autodifesa efficaci contro la manipolazione e la persuasione indesiderata.

Diario di auto-osservazione

Un diario di auto-osservazione è uno strumento prezioso per accrescere la consapevolezza di sé e identificare modelli di comportamento, in particolare in relazione a come ci si sente influenzati o manipolati nelle interazioni quotidiane. Questo tipo di diario può servire non solo come un registro delle proprie esperienze ma anche come un mezzo per riflettere sulle proprie reazioni e su come migliorare la resilienza personale contro tali influenze.

Struttura del Diario

Data e Ora: inizia ogni voce del diario annotando la data e l'ora. Questo ti aiuterà a identificare se ci sono momenti specifici della giornata in cui sei più suscettibile all'influenza o alla manipolazione.

Descrizione dell'Evento: descrivi brevemente l'evento o la situazione in cui hai percepito di essere stato influenzato o manipolato. Cerca di essere il più dettagliato possibile, includendo chi era coinvolto, dove si è svolto l'evento, e cosa è stato detto o fatto.

Reazioni Emotive e Fisiche: registra come ti sei sentito durante l'evento, sia a livello emotivo che fisico. Riconoscere le proprie reazioni emotive (ad es., ansia, rabbia, tristezza) e fisiche (ad es., tensione muscolare, mal di stomaco) può offrire spunti sulle proprie vulnerabilità.

Pensieri: annota i pensieri che hai avuto durante o subito dopo l'evento. Questo può includere giustificazioni, dubbi, o critiche auto-dirette. Riconoscere i propri pensieri può aiutare a identificare schemi di pensiero che contribuiscono alla suscettibilità alla manipolazione.

Azioni: descrivi come hai reagito all'evento. Questo può variare dal confronto diretto al ritiro silenzioso. Analizzare le proprie azioni può rivelare modelli di comportamento automatici o difensivi.

Riflessioni e Strategie di Miglioramento: dopo aver registrato i dettagli dell'evento e le tue reazioni, rifletti su come potresti gestire situazioni simili in modo più efficace in futuro. Considera strategie di autodifesa psicologica, tecniche di comunicazione assertiva o modi per rafforzare la tua autostima.

<u>*Template per la Riflessione:*</u> per facilitare l'uso regolare del diario, potresti creare un template basato su queste categorie, con spazi predefiniti per ciascuna sezione. Questo renderà più facile e strutturato l'atto di scrivere nel diario.

Mantenere un diario di auto-osservazione richiede impegno, ma i benefici in termini di maggiore consapevolezza di sé e miglioramento delle proprie capacità di affrontare la manipolazione sono inestimabili. Con il tempo, questa pratica può aiutarti a identificare i contesti a rischio, a comprendere meglio le tue reazioni e a sviluppare strategie più efficaci per mantenere la tua autonomia nelle relazioni e nelle interazioni sociali.

DIARIO DI AUTO-OSSERVAZIONE

DATA E ORA:
DESCRIZIONE DELL'EVENTO:

REAZIONI EMOTIVE E FISICHE:

PENSIERI:

AZIONI:

RIFLESSIONI E STRATEGIE DI
MIGLIORAMENTO:

BONUS 2: TECNICHE DI PROGRAMMAZIONE NEUROLINGUISTICA

La Programmazione Neuro-Linguistica (PNL) è una disciplina che si occupa dello studio e della comprensione della mente umana, dei processi mentali e del comportamento. Si basa sull'idea che la nostra esperienza del mondo sia influenzata dalla nostra percezione, dalla nostra comunicazione e dai modelli di pensiero che adottiamo.

Il termine deriva da tre componenti fondamentali:

Programmazione: fa riferimento ai modelli di pensiero, alle strategie e agli schemi che utilizziamo per interpretare le informazioni provenienti dall'esterno e per agire di conseguenza. La PNL si concentra sull'identificazione e sulla comprensione di questi modelli, al fine di poterli modificare e migliorare per ottenere risultati desiderati;

Neuro: si riferisce al sistema nervoso e alla sua relazione con il pensiero e il comportamento. La PNL esplora come il nostro cervello elabori le informazioni sensoriali e le traduca in esperienze soggettive. Studia anche i processi di apprendimento e di cambiamento a livello neurologico;

Linguistica: fa riferimento al linguaggio e alla sua importanza nella comunicazione e nell'elaborazione delle esperienze. La PNL studia come le parole, le frasi e le modalità di comunicazione influenzino la nostra percezione e i nostri processi mentali. Esplora anche come utilizzare il linguaggio in modo efficace per comunicare con gli altri e per influenzare positivamente il proprio stato mentale.

L'obiettivo principale della PNL è quello di migliorare la comunicazione, la comprensione di sé stessi e degli altri, nonché di raggiungere i propri obiettivi personali e professionali. Essa fornisce una serie di strumenti e tecniche pratiche per facilitare il cambiamento, la crescita personale e il raggiungimento del successo.

Tra le tecniche più comuni utilizzate nella PNL ci sono:

L'ancoraggio → si tratta di associare uno stato mentale o emotivo a uno stimolo fisico o verbale specifico. Ad esempio, si può creare un ancoraggio positivo associando una sensazione di fiducia a un tocco leggero sulla spalla. In seguito, questo tocco può essere utilizzato per richiamare la sensazione di fiducia in situazioni di bisogno;

La modellazione → consiste nello studiare e nell'apprendere i modelli di pensiero e di comportamento di individui di successo, al fine di adottarli e applicarli nella propria vita. Si tratta di imitare i modelli mentali e comportamentali delle persone che hanno raggiunto risultati desiderati, al fine di ottenerli noi stessi;

Il ricalibrare → consiste nel modificare le proprie percezioni e interpretazioni delle esperienze. Si tratta di esaminare e riconsiderare gli eventi passati da una prospettiva diversa al fine di ottenere nuove e più positive interpretazioni. Ciò permette di cambiare le emozioni associate a determinati eventi e di adottare una prospettiva più utile per il futuro;

Ricalco e guida → si basa sull'osservazione e l'imitazione del comportamento e del linguaggio del partner di comunicazione al fine di creare una maggiore connessione e influenzarlo positivamente. Il ricalco consiste nel riprodurre le posture, i gesti, i movimenti e il tono di voce dell'altra persona, mentre la guida consiste nel condurre il partner di comunicazione verso stati mentali e comportamenti desiderati;

Meta-modello → è una serie di domande specifiche volte a indagare e chiarire le generalizzazioni, le distorsioni e le omissioni presenti nel linguaggio di una persona. Queste domande mirano a fornire una maggiore precisione e a ridurre le ambiguità nella comunicazione, permettendo di ottenere una comprensione più profonda delle esperienze e dei concetti espressi;

Milton-modello → prende il nome dal famoso ipnotista Milton Erickson ed è una serie di schemi linguistici utilizzati per comunicare in modo ipnotico e persuasivo. Questi schemi sono formulazioni vaghe e ambigue che permettono all'ascoltatore di interpretare liberamente e di creare immagini mentali suggestive. Il Milton-Modello è utilizzato per influenzare in modo positivo le convinzioni e le aspettative di una persona, promuovendo cambiamenti e miglioramenti.

Esempio: "Potresti anche scoprire che quando ti prendi cura di te stesso attraverso scelte alimentari consapevoli, inizi a sentire un senso di orgoglio e autostima che si riversa in ogni aspetto della tua vita. Immagina come ti sentirai quando realizzerai che stai facendo il meglio per te stesso".

Qui si utilizzano parole suggestive come "scelte alimentari consapevoli", "senso di orgoglio e autostima" e "realizzare di fare il meglio per sé stessi". Queste formulazioni inducono l'ascoltatore a immaginare i benefici emotivi che derivano da una dieta più sana, favorendo l'accettazione dell'idea e l'entusiasmo per l'adozione di abitudini alimentari positive.

La PNL viene utilizzata in diversi contesti come la psicoterapia, il coaching, la formazione aziendale e il miglioramento personale.

Offre strumenti pratici per sviluppare una maggiore consapevolezza di sé, migliorare la comunicazione interpersonale, superare blocchi mentali e raggiungere il proprio pieno potenziale.

La PNL è uno strumento che permette di comprendere meglio il funzionamento della mente umana e di acquisire abilità di comunicazione e di influenzamento più efficaci. Essa offre strumenti pratici per migliorare la qualità della propria vita, ottenere risultati desiderati e promuovere il cambiamento positivo.

BONUS 3: TECNICHE DI AUTODIFESA PSICOLOGICA ED ESERCIZI PRATICI

Strategie di grounding

Le strategie di grounding sono tecniche psicologiche utilizzate per distogliere la mente da pensieri, emozioni o sensazioni stressanti e per riconnettere con il presente. Questi metodi sono particolarmente utili in situazioni di elevato stress o durante tentativi di manipolazione, aiutando a mantenere la calma e a rimanere ancorati alla realtà. Di seguito, sono illustrate alcune strategie efficaci di grounding che combinano esercizi di respirazione e focalizzazione sensoriale.

1. Respirazione Profonda e Contata

La respirazione controllata è una delle tecniche di grounding più immediate e accessibili. Concentrati sul respiro, inspirando lentamente dal naso, trattenendo l'aria per alcuni secondi e poi espirando lentamente dalla bocca. Conta mentalmente mentre esegui ogni fase della respirazione (ad esempio, inspira contando fino a 4, trattiene per 4, espira per 4). Questo aiuta a rallentare la respirazione, calmando il sistema nervoso e riducendo lo stress.

2. Tecnica dei 5-4-3-2-1

Questa tecnica di focalizzazione sensoriale aiuta a riconnettersi con l'ambiente circostante, distogliendo l'attenzione da pensieri stressanti. Prenditi un momento per notare:

- 5 cose che puoi vedere (osserva i dettagli intorno a te, come i colori, le forme, le ombre)

- 4 cose che puoi toccare (senti la texture di oggetti diversi, la temperatura, la pressione)

- 3 cose che puoi sentire (ascolta i suoni vicini e lontani, il rumore ambientale, i suoni della natura)

- 2 cose che puoi odorare (se possibile, cerca di identificare odori specifici nell'ambiente)

- 1 cosa che puoi assaggiare (nota il sapore in bocca o prendi un piccolo snack)

3. "Ancoraggio" Fisico

Trovare un "ancoraggio" fisico ti può aiutare a rimanere presente. Questo può essere un oggetto che porti con te, come una pietra liscia o un piccolo talismano. Quando ti senti sopraffatto, tieni l'oggetto in mano e concentra tutta la tua attenzione su di esso: la sua forma, il suo peso, la sua temperatura, la sua superficie. Questo atto di focalizzazione aiuta a distogliere la mente da pensieri o emozioni negative.

4. Visualizzazione Positiva

Chiudi gli occhi e immagina un luogo che ti fa sentire sicuro, sereno e felice. Questo potrebbe essere un ricordo di un luogo reale in cui ti sei sentito a tuo agio o un paesaggio immaginario che evoca tranquillità. Concentrati sui dettagli sensoriali di questo luogo: i suoni, i colori, gli odori, la sensazione dell'aria sulla tua pelle. Questa visualizzazione può servire come rifugio mentale, offrendo una pausa dallo stress.

5. Movimento Consapevole

Pratica movimenti lenti e consapevoli, come lo stretching o il camminare. Concentrati su ogni movimento del corpo e su come ogni parte si sente durante l'attività. Questo non solo aiuta a rilassare il corpo ma anche a riconnettere la mente con il presente.

L'applicazione regolare di queste tecniche di grounding può migliorare la capacità di gestire lo stress e le situazioni difficili, promuovendo una maggiore calma interiore e una connessione consapevole con il momento presente.

Riconoscere i Segnali di Manipolazione

1. Pressione eccessiva: se ti senti spinto a prendere una decisione in fretta, con poco tempo per riflettere, potrebbe essere un segno di manipolazione. I manipolatori spesso creano un senso di urgenza per limitare la tua capacità di valutare criticamente la situazione.

2. Appello alle emozioni: un altro segnale comune è l'uso di appelli emotivi intensi, come la colpa o la compassione, per indurti ad agire in un certo modo. Questo spesso si traduce in decisioni che non avresti preso in condizioni normali.

3. Incongruenze: presta attenzione a incongruenze tra parole e azioni. Se qualcuno dice una cosa ma il suo comportamento indica il contrario, potrebbe essere un tentativo di manipolazione.

Strategie di Reazione

1. Prenditi il tuo tempo: di fronte alla pressione, afferma il tuo diritto di prenderti il tempo necessario per una decisione informata. Una risposta potrebbe essere: "Ho bisogno di più tempo per pensarci. Ti farò sapere la mia decisione appena sarò pronto."

2. *Chiedi chiarimenti:* quando ti imbatti in appelli emotivi o incongruenze, chiedere chiarimenti può essere un potente strumento di difesa. Potresti dire: "Potresti spiegarmi meglio cosa intendi?" o "Le tue azioni sembrano contraddire le tue parole. Puoi chiarire?"

3. *Stabilire confini fermi:* è importante comunicare chiaramente i tuoi limiti. Se qualcuno tenta di oltrepassarli, rispondi con fermezza ma rispettosamente. Un esempio potrebbe essere: "Mi sento a disagio con questa situazione e non parteciperò."

Tecniche per Stabilire Confini Personali

1. *Conosci i tuoi valori:* avere chiarezza sui tuoi valori personali ti aiuta a stabilire confini basati su ciò che è veramente importante per te, rendendoti meno vulnerabile alla manipolazione.

2. *Pratica l'auto-affermazione:* rafforza la tua autostima praticando l'auto-affermazione. Ricordati delle tue qualità positive e dei tuoi successi, il che ti renderà più resiliente ai tentativi di manipolazione.

Implementando queste strategie, sarai meglio equipaggiato per riconoscere e contrastare i tentativi di manipolazione, proteggendo la tua autonomia e promuovendo relazioni più sane e rispettose.

BONUS 4: CONTRO-MANIPOLAZIONE E DIFESA

La *contro-manipolazione* è una strategia che implica l'uso consapevole delle proprie abilità comunicative e dell'intelligenza emotiva per difendersi dalla manipolazione. Consiste nell'essere in grado di riconoscere le tattiche manipolative utilizzate dagli altri e nel rispondere in modo adeguato a proteggere i propri interessi e preservare la propria integrità.

Per comprendere appieno la contro-manipolazione è fondamentale avere una buona conoscenza delle tattiche manipolative comuni che sono state discusse in precedenza. Riconoscere i segnali di allarme e gli schemi manipolativi può aiutarti a identificare quando qualcuno sta cercando di manipolarti.

Una volta che hai riconosciuto la manipolazione puoi iniziare a mettere in atto strategie di contro-manipolazione per difenderti.

La contro-manipolazione richiede pratica e consapevolezza

costante. Ricorda che l'obiettivo principale è proteggere te stesso e promuovere relazioni sane e autentiche. Sii diligente nel riconoscere e affrontare i tentativi di abuso e impara a costruire relazioni basate sulla reciproca fiducia e cura.

La contro-manipolazione richiede l'uso di varie tecniche e strategie per contrastare gli sforzi manipolatori degli altri. Queste tecniche mirano a ristabilire l'equilibrio di potere nella relazione e a proteggere i propri interessi e il proprio benessere.

Vediamo alcune delle tecniche di contro-manipolazione più comuni.

Tecnica della nebbia

Consiste nel non impegnarsi in discussioni o argomentazioni con il manipolatore. Invece di cercare di convincerlo o combatterlo, si adotta una posizione neutra e non reattiva. Questo può essere efficace, perché il manipolatore si aspetta una reazione o una resistenza e può rimanere confuso o insoddisfatto quando non la ottiene. La tecnica della nebbia può interrompere il ciclo manipolativo e consentire di mantenere una posizione di potere.

Rifiuto dei giochi di colpa

I manipolatori spesso cercano di farti sentire colpevole per le tue azioni o le tue scelte. Nella contro-manipolazione è ovvio rifiutare i giochi di colpa e assumersi la responsabilità delle proprie decisioni. Non lasciare che il manipolatore ti faccia sentire in colpa o ti costringa a fare qualcosa che non vuoi fare. Stai saldo nelle tue convinzioni e non permettere agli altri di manovrare le tue emozioni.

Chiedere chiarimenti

I manipolatori possono utilizzare l'ambiguità e la confusione per ottenere ciò che vogliono. Per contrastare questa tattica chiedi chiarimenti sulle imposizioni o sulle notizie che ti vengono date. Non accettare qualcosa di vago o poco limpido, ma esigi ulteriori dettagli e specifiche. Questo mette i manipolatori sulla difensiva e può interrompere il loro tentativo nei tuoi confronti.

Mantenere la coerenza

Sii coerente nel tuo comportamento e nelle tue parole. I manipolatori faranno il possibile per metterti in contraddizione o per farti apparire come il responsabile di un problema. Essere coerente ti aiuta a mantenere la tua integrità e a dimostrare che non sarai facilmente manipolato.

Fare affidamento sulla propria rete di supporto

Come sempre cerca il sostegno di persone fidate nella tua vita, come amici, familiari o consulenti professionali. Condividi le tue preoccupazioni e i tuoi sospetti con loro e chiedi il loro punto di vista. Essere circondato da una rete di supporto solida può aiutarti a riconoscere la manipolazione e a trovare la sufficiente forza per affrontarla;

Prendersi cura di sé stessi

Investi nel tuo benessere fisico, mentale ed emotivo. Non smetterò mai di rimarcarlo. Prenditi cura di te stesso attraverso l'autocura come l'esercizio fisico, la meditazione, il tempo libero e il riposo. Quando sei in uno stato di equilibrio e forza sei meno suscettibile alla manipolazione e sei in grado di riconoscere più facilmente quando qualcuno tenta di sfruttarti.

La contro-manipolazione richiede consapevolezza di sé, fiducia e abilità comunicative assertive. Imparare a riconoscere le tattiche manipolative e a utilizzare queste tecniche di contro-manipolazione può aiutarti a mantenere relazioni sane e autentiche, basate sul rispetto reciproco e sulla fiducia.

La costruzione di una solida *difesa* psicologica contro la manipolazione è un processo che si sviluppa nel tempo, basato su azioni e abitudini quotidiane che rinforzano l'autostima, affinano la capacità di analisi critica e promuovono un forte supporto sociale. Ecco una checklist di pratiche essenziali da incorporare nella routine quotidiana per coltivare una resilienza interiore contro i tentativi di manipolazione.

1. Pratiche per Rafforzare l'Autostima

Celebra i tuoi successi: prenditi un momento ogni giorno per riconoscere e celebrare i tuoi successi, grandi o piccoli. Questo rafforza la percezione positiva di te stesso e la tua autostima.

Imposta obiettivi personali: stabilisci obiettivi personali realistici e lavora per raggiungerli. Ogni obiettivo raggiunto ti farà sentire più capace e sicuro delle tue abilità.

Pratica l'auto-compassione: sviluppa un dialogo interno gentile e compassionevole. Ricorda a te stesso che è umano commettere errori e che ogni errore è un'opportunità di apprendimento.

2. Sviluppare l'Analisi Critica

Discuti attivamente sulle informazioni: non accettare passivamente le informazioni ricevute. Impara a questionare le fonti, cercare evidenze e considerare diverse prospettive prima di formarti un'opinione.

Esercita il pensiero critico: dedica tempo a praticare il pensiero critico attraverso letture, puzzle, giochi di strategia o discussioni su argomenti complessi. Questo affina la tua capacità di analizzare e valutare criticamente le situazioni.

Fai della riflessione una routine: trascorri del tempo ogni giorno riflettendo sulle tue esperienze, le decisioni prese e le loro motivazioni. Questo ti aiuterà a comprendere meglio te stesso e le dinamiche intorno a te.

3. Cultivare il Supporto Sociale

Costruisci relazioni sane: circondati di persone che ti supportano e ti rispettano. Le relazioni sane sono fondamentali per il tuo benessere emotivo e possono offrirti una prospettiva esterna utile in situazioni di dubbio.

Impara a chiedere aiuto: Non esitare a chiedere supporto quando ne hai bisogno. Parlare con amici fidati, familiari o professionisti può fornirti conforto e consigli preziosi.

Partecipa a gruppi o comunità: unirti a gruppi o comunità che condividono i tuoi interessi o valori può offrire un senso di appartenenza e ulteriore supporto.

Incorporare queste azioni e abitudini nella tua vita quotidiana ti aiuterà a costruire una forte difesa psicologica, rendendoti meno vulnerabile alla manipolazione e più capace di navigare le complessità delle relazioni interpersonali con fiducia e chiarezza.

BONUS 5: TECNICHE DI AUTOIPNOSI, MEDITAZIONE ED ESERCIZI PRATICI

L'autoipnosi e la meditazione sono due pratiche mentali che possono essere utilizzate per migliorare la salute mentale e il benessere complessivo.

L'autoipnosi è una tecnica che permette a una persona di indurre volontariamente uno stato di trance simile all'ipnosi, durante il quale si utilizzano forme di rilassamento e focalizzazione per accedere a risorse interne e potenzialità sfruttabili per il cambiamento personale, il raggiungimento degli obiettivi e il benessere psicofisico.

L'autoipnosi può essere praticata individualmente o guidata da un professionista qualificato. Durante lo stato di trance la persona è altamente concentrata, consentendo di esplorare e influenzare i propri pensieri, emozioni e comportamenti.

È di grande aiuto nell'affrontare problemi specifici come lo stress, l'ansia, le abitudini indesiderate o per sviluppare risorse personali come la fiducia in se stessi, la motivazione o la creatività.

Esistono diverse tecniche comuni utilizzate nell'autoipnosi che possono aiutare a indurre uno stato di trance e sfruttare i benefici che ne derivano. Ecco alcune di quelle più comuni.

- *Visualizzazione*: è una tecnica che coinvolge la creazione di immagini mentali vivide e dettagliate. Durante l'autoipnosi la si può utilizzare per immaginare scenari positivi, obiettivi raggiunti o comportamenti desiderati. Ad esempio, una persona potrebbe immaginarsi mentre svolge un compito con successo o mentre raggiunge uno stato di calma e relax profondo;

- *Affermazioni*: sono frasi positive e potenzianti che vengono ripetute a sé stessi durante l'autoipnosi. Queste frasi sono formulate in modo da accrescere la fiducia in sé, promuovere il cambiamento desiderato o favorire il raggiungimento degli obiettivi. Le affermazioni vengono ripetute con convinzione e possono riguardare diversi aspetti della vita, come la salute, il successo, le relazioni o l'autostima;

- *Respirazione profonda*: è una tecnica che coinvolge l'assunzione di respiri lenti, profondi e consapevoli.

Durante l'autoipnosi tale metodologia può essere utilizzata per rilassare il corpo e la mente, favorire la calma e ridurre lo stress. Inspirando lentamente e profondamente dal naso ed espirando attraverso la bocca si può sperimentare una sensazione di tranquillità e distensione;

- *Induzione progressiva*: è una tecnica che coinvolge il rilassamento graduale del corpo e della mente durante l'autoipnosi. Questa tecnica può includere la consapevolezza del respiro, il rilassamento muscolare progressivo o la focalizzazione su sensazioni piacevoli con l'obiettivo di facilitare l'accesso allo stato di trance;

- *Conteggio regressivo*: è una tecnica che coinvolge il conteggio all'indietro da un numero specifico, come ad esempio da 10 a 1. Durante l'autoipnosi il conteggio regressivo può essere utilizzato come un'ancora per indurre uno stato di trance e aumentare la concentrazione. Con ogni numero la persona può sperimentare un maggior senso di pace e di immedesimazione nello stato di trance.

Queste tecniche possono essere utilizzate singolarmente o combinate tra loro per personalizzare l'esperienza di autoipnosi in base alle esigenze e agli obiettivi individuali.

La meditazione è una pratica mentale millenaria che coinvolge l'attenzione consapevole e la presenza mentale nel momento presente.

Esistono diverse tecniche di meditazione, ognuna con il proprio approccio e obiettivo specifico.

La *mindfulness* è una delle forme più popolari di meditazione. Si concentra sull'essere consapevoli del momento presente senza giudizio. Durante la mindfulness si pone l'attenzione sulla respirazione, sulle sensazioni corporee, sui pensieri e sulle emozioni che emergono. L'obiettivo è di osservare i propri stati mentali e fisici senza reagire ad essi. Questa pratica dà, tra gli altri benefici, maggiore consapevolezza di sé e del proprio ambiente.

La *meditazione trascendentale* è una tecnica che coinvolge la ripetizione di un mantra o una serie di suoni senza attribuirvi un significato specifico. Mentre si esegue si cerca di raggiungere uno stato di profonda calma e tranquillità interiore. La ripetizione del mantra serve a focalizzare la mente e ad entrare in uno stato di rilassamento profondo. Questa tecnica è spesso associata a uno stato di coscienza aumentata e a un senso di connessione universale. Tra i vari benefici può portare un miglioramento della qualità del sonno e una maggiore chiarezza mentale;

La *meditazione camminata* è una forma di meditazione attiva che coinvolge il camminare consapevolmente. Durante lo svolgimento si presta attenzione a ogni passo, alle sensazioni dei piedi che si sollevano e si posano a terra, al ritmo del respiro e all'esperienza del movimento del corpo. Si può praticare in un ambiente tranquillo come un giardino o un percorso naturale, o anche all'interno in uno spazio dedicato. Offre un modo unico per connettersi con il corpo, la mente e l'ambiente circostante. Questa pratica migliora la consapevolezza del corpo in aggiunta agli altri benefici tipici della meditazione.

Queste sono solo alcune delle tecniche più comuni utilizzate nella meditazione. La cosa bella è che non esiste un approccio "giusto" o "sbagliato" e che ognuno può trovare la tecnica che si adatta meglio alle proprie preferenze personali. Alcuni possono preferire una meditazione silenziosa e immobile, mentre altri possono puntare su una pratica più attiva. L'importante è dedicare del tempo regolare, permettendo al corpo e alla mente di rilassarsi, rigenerarsi e trovare equilibrio.

Sia l'autoipnosi che la meditazione sono un toccasana per la propria mente, perché entrambe agiscono sul benessere psicofisico, causando umore migliore, concentrazione, capacità di gestire le sfide quotidiane, consapevolezza di sé a 360° ricadendo così sulla conoscenza di sé stessi e delle proprie dinamiche interne.

Le due intervengono sull'autoregolazione emotiva, cioè sulla capacità di gestire e regolare le proprie emozioni in modo sano ed equilibrato, senza esserne sopraffatti, creando resilienza emotiva e di conseguenza una forte crescita personale.

È importante sottolineare che queste pratiche richiedono costanza e dedizione per ottenere benefici duraturi. È consigliabile iniziare con brevi sessioni e aumentare gradualmente la durata e la frequenza. Per coloro che hanno problemi di salute mentale o stanno affrontando situazioni particolarmente complesse è bene consultare un professionista qualificato per una guida personalizzata e un supporto adeguato.

Se pensi che questo libro ti sia piaciuto

e ti abbia aiutato, ti chiedo solo

di dedicare pochi secondi per lasciare

una breve recensione su Amazon.

Grazie,

Maurizio Giordano